"双一流"建设精品出版工程
"十三五"国家重点出版物出版规划项目
零起点基础日语教材

新编初级日本语

やさしい日本語を楽しく学ぼう　　　　（上）

主编　杨　荫
副主编　张红涛　孙维晶　加藤靖代

哈尔滨工业大学出版社
HARBIN INSTITUTE OF TECHNOLOGY PRESS

图书在版编目（CIP）数据

新编初级日本语：全 2 册 / 杨荫主编．—哈尔滨：哈尔滨工业大学出版社，2020.5
ISBN 978-7-5603-8779-6

Ⅰ．①新…　Ⅱ．①杨…　Ⅲ．①日语 - 教材　Ⅳ．① H36

中国版本图书馆 CIP 数据核字（2020）第 068550 号

策划编辑	常　雨
责任编辑	苗金英
出版发行	哈尔滨工业大学出版社
社　　址	哈尔滨市南岗区复华四道街 10 号　邮编 150006
传　　真	0451-86414749
网　　址	http://hitpress.hit.edu.cn
印　　刷	哈尔滨久利印刷有限公司
开　　本	787mm×960mm　1/16　总印张 28.5　总字数 377 千字
版　　次	2020 年 5 月第 1 版　2020 年 5 月第 1 次印刷
书　　号	ISBN 978-7-5603-8779-6
定　　价	38.00 元（全 2 册）

（如因印装质量问题影响阅读，我社负责调换）

前　言

　　本书是为日语零起点的学习者编写的初级日语教材。

　　本书可供专科、本科、硕士作为日语第二外语教材使用，也可供广大日语爱好者自学使用。本书分上下两册，可根据各校学时要求灵活掌握进度，一般可分别在30—36学时内完成。

　　编者在编写过程中，注重课文内容及词汇的时代感、新颖、实用，语法说明简洁易懂，练习中还融入了培养学生日语交际能力的会话练习，以培养学生初步的日语综合运用能力。每课由基本句型、例句、会话、短文、单词、语法、词语与用法说明、练习、补充单词、知识窗构成，课文及单词的音频可通过扫描二维码获取。为便于学生自主学习，随时检测学习效果，巩固所学知识，附录部分还配有练习答案及模拟试题。书中提供了大量丰富的词汇，以提高学生阅读能力，为进阶学习打下基础。

　　语言与文化密不可分。为使学生在学习语言的同时，更好地了解日本风土人情，开阔视野，在每一课后，以知识窗的形式对其文化背景知识进行了介绍。

　　由于编者水平有限，书中难免有疏漏之处，衷心希望专家、学者和读者热情指教。同时，对在本书编辑过程中给予大力协助与支持的各位表示感谢！

　　教材编写分工如下：

　　上册：1—3课及日常寒暄语、课堂用语（杨荫），4—6课及模拟试题1（张红涛），7—9课及模拟试题2（孙维晶），附录1—3（加藤靖代）

　　下册：1—3课、7—8课及模拟试题1（加藤靖代），4—6课（杨荫），1—3课、7—8课语法及部分练习、课文译文、模拟试题2（王慧鑫）

　　上下册统稿由主编杨荫负责，本书音频由加藤靖代、杨荫录制。刘娟、毕春玲参与了部分编写工作。

编　者

2020年5月

符号及用语一览表

名　——　名词　　　　　副　——　副词

代　——　代词　　　　　数　——　数词

量　——　量词　　　　　助　——　助词

感　——　感叹词　　　　连体 —— 连体词

接尾 —— 接尾词　　　　接　——　接续词

接头 —— 接头词　　　　寒暄 —— 寒暄语

专　——　专有名词　　　助动 —— 助动词

イ形 —— イ形容词（形容词）

ナ形 —— ナ形容词（形容动词）

他Ⅰ —— 他动词Ⅰ类动词

自Ⅱ —— 自动词Ⅱ类动词

⓪①②③④…… —— 单词声调

平假名书写笔顺

あ	か	さ	た	な	は	ま	や	ら	わ
い	き	し	ち	に	ひ	み	(い)	り	(い)
う	く	す	つ	ぬ	ふ	む	ゆ	る	(う)
え	け	せ	て	ね	へ	め	(え)	れ	(え)
お	こ	そ	と	の	ほ	も	よ	ろ	を
					ぽ				ん

片假名书写笔顺

ア	イ	ウ	エ	オ
カ	キ	ク	ケ	コ
サ	シ	ス	セ	ソ
タ	チ	ツ	テ	ト
ナ	ニ	ヌ	ネ	ノ
ハ	ヒ	フ	ヘ	ホ
マ	ミ	ム	メ	モ
ヤ	(イ)	ユ	(エ)	ヨ
ラ	リ	ル	レ	ロ
ワ	(イ)	(ウ)	(エ)	ヲ
ン				

目　　录

第1課　音声（1）……………………………………… 1
　1．日本的语言文字 …………………………………… 1
　2．五十音图 …………………………………………… 2
　3．清音（上） ………………………………………… 5
　4．声调 ………………………………………………… 10
　5．外来语 ……………………………………………… 11
　练习 …………………………………………………… 12

　　☆**知识窗**　万叶假名 ……………………………… 14

第2課　音声（2）……………………………………… 17
　1．清音（下） ………………………………………… 17
　2．拨音 ………………………………………………… 21
　3．促音 ………………………………………………… 22
　练习 …………………………………………………… 23

　　☆**知识窗**　"タバコ"是外来语吗？………………… 26

第3課　音声（3）……………………………………… 27
　1．浊音和半浊音 ……………………………………… 27
　2．长音 ………………………………………………… 33
　3．拗音 ………………………………………………… 34
　4．外来语中常用的特殊拗音 ………………………… 35

· 1 ·

练习……………………………………………… 36

　　☆ **知识窗**　日语常用汉字和汉字的读音 ……… 40

　日常寒暄语 ……………………………………… 41

　课堂用语 ………………………………………… 44

第4课　私は学生です ……………………………… 46

　基本句型 ………………………………………… 46

　会话　こちらは山田さんです ………………… 47

　短文 ……………………………………………… 48

　单词 ……………………………………………… 48

　语法 ……………………………………………… 51

　词语与用法说明 ………………………………… 55

　练习 ……………………………………………… 59

　补充单词 ………………………………………… 65

　　☆ **知识窗**　日本概况 ………………………… 66

第5课　これは私のパソコンです ………………… 67

　基本句型 ………………………………………… 67

　会话　この携帯電話はいくらですか ………… 68

　短文 ……………………………………………… 69

　单词 ……………………………………………… 70

　语法 ……………………………………………… 73

　词语与用法说明 ………………………………… 78

练习 80

补充单词 86

☆ **知识窗** 日本近现代年号和公历对照表 88

第6课 今日は木曜日です 89

基本句型 89

会话 授業は何時から何時までですか 91

短文 92

单词 92

语法 95

词语与用法说明 100

练习 106

补充单词 112

☆ **知识窗** 日本人的姓氏 114

第7课 図書館はどこにありますか 115

基本句型 115

会话 ここは食堂です 116

短文 117

单词 118

语法 119

词语与用法说明 124

练习 126

补充单词 130

  ☆ **知识窗** 日本人的饮食 133

第8課 山田さんの部屋はきれいです 134

 基本句型 134

 会话 きれいなお部屋ですね 135

 短文 136

 单词 137

 语法 139

 词语与用法说明 144

 练习 145

 补充单词 149

  ☆ **知识窗** 日本主要的节假日 151

第9課 昨日は寒かったです 152

 基本句型 152

 会话 試験は難しかったです 153

 短文 154

 单词 155

 语法 157

 词语与用法说明 161

 练习 162

 补充单词 166

☆ **知识窗** 日本的寺庙和神社··················168
附录·······································169
  附录1 单词表························171
  附录2 语法和句型····················178
  附录3 词语与用法说明················179
  附录4 课文参考译文··················180
  附录5 练习参考答案··················186
  附录6 模拟试题（一）················191
  附录7 模拟试题（二）················200
  附录8 模拟试题答案··················209
  附录9 日本的都道府县················214
参考书目····································216

出场人物介绍

1. 張洋さん（男）は２１歳で、工業大学日本語学科の３年生です。

2. 周麗さん（女）は二十歳で、工業大学日本語学科の２年生です。

3. 清水尚子さん（女）は２４歳で、工業大学の留学生です。

4. 山田文博さん（男）は２５歳で、工業大学の留学生です。

5. 林泉さん（男）は２７歳で、工業大学の職員です。

出场人物

しゅうれい
周 麗

し みず なお こ
清水 尚子

ちょうよう
張 洋

やま だ ふみひろ
山田 文博

りん せん
林 泉

第1課　音声（1）

1．日本的语言文字

　　远古的日本只有自己的民族语言，而没有自己的文字。公元五世纪左右，中国的汉字传入日本后，日本人曾一度完全借用汉字作为表音符号来记录自己的语言，像奈良时代的《古事记》《万叶集》等。这些用来表音的汉字被称为"万叶假名"。

　　"万叶假名"只是用来表音，可以不顾它的形与意的关系，因此在使用过程中逐渐趋于简化。到了平安时代,简化了的"万叶假名"慢慢被固定下来，最后形成了现在的假名（仮名）。日语的假名又分为平假名（平仮名）和片假名（片仮名）。平假名是由汉字的草书体简化而成的，片假名则是由汉字楷体的偏旁部首演变而来的。

　　日语书写时通常是汉字和假名混合使用，片假名用于书写外来语、拟声词、拟态词和一些动植物的名称等。另外，日语还使用罗马字母,常用于国名、地名、商标、广告、公司、机构名称等, 如"JAPAN、NHK、JR"等，在计算机中输入日文时多使用罗马字母。

　　假名发音上分为清音、浊音、半浊音、拨音、拗音等。

　　目前，日语中的汉字是以2010年日本政府所公布的"常用漢字表"为依据，收录了在公用文书、报纸、杂志、广播等一般社会

生活中使用频率较高的汉字，共2136字。

日语的汉字多数与汉语的繁体字相同，但也有一些日本简化了的汉字，如"图→図・艺→芸"，或自己创造的汉字，如"働（はたら）く・躾（しつけ）・駅（えき）"。由于日本汉字在字形、读音、意义等方面与中国汉字有所不同，学习时需注意区分。

日语汉字的读音分音读和训读两种。音读是模仿汉语发音的读法，如"富士山（ふじさん）・海外（かいがい）"，训读是日本固有的读法，如"山（やま）・海（うみ）"。同一个日本汉字经常会有几种不同读法，如"人（ひと）・人口（じんこう）・他人（たにん）""学生（がくせい）・一生（いっしょう）・生（い）きる・生（う）む"，学习时要特别注意。

2．五十音图

五十音图是指将日语的清音假名按其发音规律排成十行，每行五个假名，再加上最后一个拨音"ん"而排成的表。下表中横向叫"行"，由有相同或相似辅音的假名构成，并以每行的第一个假名命名，如"あ行""か行""さ行""た行"等；纵向叫"段"，每段都由元音相同而辅音不同的假名组成，分别以"あ"行的五个假名命名，即"あ段""い段""う段""え段""お段"。熟记五十音图的"行"与"段"对日语学习是非常重要的。一方面日语的动词变化等语法现象与之息息相关，另一方面日语的辞典等往往以"五十音"为序。

平 假 名

	あ段	い段	う段	え段	お段
あ行	あ a	い i	う u	え e	お o
か行	か ka	き ki	く ku	け ke	こ ko
さ行	さ sa	し si	す su	せ se	そ so
た行	た ta	ち ti	つ tu	て te	と to
な行	な na	に ni	ぬ nu	ね ne	の no
は行	は ha	ひ hi	ふ hu	へ he	ほ ho
ま行	ま ma	み mi	む mu	め me	も mo
や行	や ya	(い i)	ゆ yu	(え e)	よ yo
ら行	ら ra	り ri	る ru	れ re	ろ ro
わ行	わ wa	(い i)	(う u)	(え e)	を o
	ん n				

片 假 名

	あ段	い段	う段	え段	お段
あ行	ア a	イ i	ウ u	エ e	オ o
か行	カ ka	キ ki	ク ku	ケ ke	コ ko
さ行	サ sa	シ si	ス su	セ se	ソ so
た行	タ ta	チ ti	ツ tu	テ te	ト to
な行	ナ na	ニ ni	ヌ nu	ネ ne	ノ no
は行	ハ ha	ヒ hi	フ hu	ヘ he	ホ ho
ま行	マ ma	ミ mi	ム mu	メ me	モ mo
や行	ヤ ya	(イ i)	ユ yu	(エ e)	ヨ yo
ら行	ラ ra	リ ri	ル ru	レ re	ロ ro
わ行	ワ wa	(イ i)	(ウ u)	(エ e)	ヲ o
	ン n				

3．清音（上）

あ 行

あ行假名是日语中的基本元音，五十音图中其他假名的发音都是由辅音或半元音与这五个元音相拼而成的。因此，正确掌握这五个元音的发音要领至关重要。あ行的五个假名，发音时，唇形和舌位保持不变，特别注意"う"的发音与汉语拼音"u"差异较大，属非圆唇音，发音时，嘴唇扁平且不向前突出。

平假名： あ　　い　　う　　え　　お
片假名： ア　　イ　　ウ　　エ　　オ
罗马字： [a]　　[i]　　[u]　　[e]　　[o]

词 例

あい①	[愛]	爱
あう①	[会う]	会见
あおい②	[青い]	蓝色的
いえ②	[家]	家
うえ②	[上]	上面
え①	[絵]	画
おい⓪	[甥]	外甥

か 行

か行假名是由辅音 [k] 分别与あ行五个元音 [a][i][u][e][o] 相拼而成的。

平假名： か　　　き　　　く　　　け　　　こ
片假名： カ　　　キ　　　ク　　　ケ　　　コ
罗马字： [ka]　　[ki]　　[ku]　　[ke]　　[ko]

词 例

あかい③①②	[赤い]	红的
あき①	[秋]	秋天
いく◎	[行く]	去
いけ②	[池]	池塘
えき①	[駅]	车站
かお◎	[顔]	脸
きかい②	[機械]	机器
こい①	[恋]	恋爱，爱情
こえ①	[声]	声音
ここ◎		这里

さ 行

さ行假名是辅音[s]分别与あ行的五个元音相拼而成的。其中"し"的罗马字还可以标记为[shi]。注意"す"的发音虽接近汉语的"si",但发音很轻,而且比汉语的"si"舌面要高得多。

平假名: さ　し　す　せ　そ

片假名: サ　シ　ス　セ　ソ

罗马字:[sa]　[si]　[su]　[se]　[so]

词 例

あさ①	[朝]	早晨
あし②	[足]	脚
あす②	[明日]	明天
あせ①	[汗]	汗
うそ①	[嘘]	谎言,假话
おすし②	[お寿司]	寿司
さけ⓪	[酒]	酒
せかい①	[世界]	世界
そこ⓪		那里

た 行

　　た行假名是辅音[t]分别与あ行五个元音相拼而成的。其中"ち"的罗马字还可以标记为[chi]，发音时注意比汉语的"qi"发音部位靠后。"つ"的罗马字还可以标记为[tsu]，"つ"的发音要领是舌位稍前移，注意不要发成汉语的"cu"。

　　平假名：た　　ち　　つ　　て　　と

　　片假名：タ　　チ　　ツ　　テ　　ト

　　罗马字：[ta]　[ti]　[tu]　[te]　[to]

词 例

うた②	[歌]	歌
おとこ⓪	[男]	男，男性
くつ⓪	[靴]	鞋
たかい②	[高い]	高的
ちかてつ⓪	[地下鉄]	地铁
て①	[手]	手
とかい⓪	[都会]	都市，城市

な 行

な行假名是辅音 [n] 分别与あ行的五个元音相拼而成的。发辅音 [n] 时，舌尖需抵住上齿龈。

平假名： な　に　ぬ　ね　の
片假名： ナ　ニ　ヌ　ネ　ノ
罗马字： [na]　[ni]　[nu]　[ne]　[no]

词 例

あなた②		（第二人称）你
あに①	［兄］	哥哥
いちにち⓪	［一日］	一天
いぬ②	［犬］	狗
おかね⓪	［お金］	钱，钱财
なに①	［何］	什么
のち⓪	［後］	以后
ねこ①	［猫］	猫
にく②	［肉］	肉

4．声调

日语的单词是有声调的，所谓声调是指单词中各个音节之间的高低变化。日语的声调只有高低之分，而无强弱之别，属高低型，每一个假名和长音符号都代表一个音拍（日语的拗音如"きゃ"、促音如"かっ"中的促音符号"っ"都是一拍音节）。常用的标记单词声调的方法有"划线式""数字式"等，"划线式"是用上划线标出音调处于高位的音节，而"数字式"中的数字表示音调处于高位的最后一个音节。以东京音为标准的日语的音调分以下几种。

⓪型：第一拍低，以下各拍开始音调变高。如果这个单词后面连接"は、が、に、を"等助词，则该助词也按高音调发音。

例：いす ガ　　　つくえ ガ

①型：第一拍高，第二拍以后都低。

例：えき ガ　　　てあし ガ

②型：第二拍高，其他各拍都低。

例：いえ ガ　　　あなた ガ　　　みなさん ガ

③型：第二、三拍高，其他各拍都低。

例：おとこ ガ　　　せんせい ガ

④型：第二至四拍高，其他各拍都低。

例：おとうとガ

以后以此类推。

从以上各调型的声调示意中可以看出，日语的声调不存在"高低高低"或"低高低高"的声调，第一拍低的，第二拍一定高；第一拍高的，第二拍必然低，这是日语声调的主要特点。

5．外来语

从词汇来源看，日语的词汇可分为和语、汉语和外来语。日语外来语主要是从西欧语系借用并已融入日语的词汇，主要来自英语，也有来自法语、德语、俄语、西班牙语等的，一般用片假名书写。

词 例

アイス①	[ice]	冰
エア①	[air]	空气
エコ①	[eco]	环保，生态
ネクタイ①	[necktie]	领带
ケア①	[care]	护理，照顾
サイト①	[site]	位置；网站
テスト①	[test]	实验；考试
テニス①	[tennis]	网球

1．反复练习あ、か、さ、た、な行的发音、书写并背诵。

2．填写假名。

あ行：あ ＿ う え ＿　　　か行：＿ き く ＿ ＿

さ行：さ し ＿ せ ＿　　　た行：＿ ち ＿ て ＿

な行：な ＿ ＿ ＿ の

3．认读下列假名并写出相应的片假名。

{あ→ / お→}　{ぬ→ / ね→}　{の→ / つ→}　{さ→ / き→}　{く→ / し→}　{う→ / え→}

{な→ / け→}　{た→ / に→}　{せ→ / か→}　{て→ / そ→}　{と→ / ち→}　{く→ / け→}

4．朗读下列词例，注意区别。

{あい① / おい①}　{いぬ② / ねこ①}　{さく⓪ / きく⓪}　{あう① / おう⓪}　{エア① / ケア①}

{おなか⓪ / あなた②}　{きかい② / ちかい②}　{そと① / そこ⓪}　{たなか⓪ / さそい⓪}　{ついたち⓪ / いちにち⓪}

第1課 音声（1）

5. 将下列片假名改写成对应的平假名。

オソイ _____   アナタ _____

チカテツ _____   ネコ _____

ナツ _____   サク _____

エキ _____   スコシ _____

6. 试读下列外来语单词。

ネクタイ①　　アクセス①　　アイス①　　エコ①

エア①　　　　ケア①　　　　テニス①　　サイト①

テスト①　　　スイス①　　　キウイ①　　ココア①

知识窗

万叶假名

　　假名是日语的表音文字，分为平假名和片假名两种，它是由"万叶假名（万葉仮名[まんようがな]）"简化而来的。"万叶假名"是将汉字视作单纯表音文字符号的一种表记法。由于《万叶集》是使用万叶假名最有名的例子，"万叶假名"因此得名。假名中的平假名是由汉字的草书体演变而来的，片假名则是由汉字楷体的偏旁部首演变而来的。

万葉集
安治佐為能 あじさいの
夜敝佐久其等久 やへさくごとく

平假名

安あ	以い	宇う	衣え	於お
加か	幾き	久く	計け	己こ
左さ	之し	寸す	世せ	曽そ
太た	知ち	川つ	天て	止と
奈な	仁に	奴ぬ	祢ね	乃の
波は	比ひ	不ふ	部へ	保ほ
末ま	美み	武む	女め	毛も
也や		由ゆ		与よ
良ら	利り	留る	礼れ	呂ろ
和わ				遠を
无ん				

片假名

阿ア	伊イ	宇ウ	江エ	於オ
加カ	幾キ	久ク	介ケ	己コ
散サ	之シ	須ス	世セ	曾ソ
多タ	千チ	川ツ	天テ	止ト
奈ナ	二ニ	奴ヌ	祢ネ	乃ノ
八ハ	比ヒ	不フ	部ヘ	保ホ
末マ	三ミ	牟ム	女メ	毛モ
也ヤ		由ユ		与ヨ
良ラ	利リ	流ル	礼レ	呂ロ
和ワ				乎ヲ
尓ン				

第2課　音声（2）

1. 清音（下）

は 行

は行假名是由辅音 [h] 分别与あ行的五个元音相拼而成的。发"ふ"时，注意应发成双唇音。

平假名：は　ひ　ふ　へ　ほ

片假名：ハ　ヒ　フ　ヘ　ホ

罗马字：[ha]　[hi]　[hu]　[he]　[ho]

词 例

はたけ⓪	［畑］	农田，田地
ひかく⓪	［比較］	比较
ふね①	［船・舟］	船
ひと②	［人］	人，人类
へた②	［下手］	笨拙，不擅长
ほそい②	［細い］	细的，窄的
はは①	［母］	母亲

ま 行

ま行假名是由辅音[m]分别与あ行五个元音相拼而成的。

平假名：ま　　み　　む　　め　　も

片假名：マ　　ミ　　ム　　メ　　モ

罗马字：[ma]　[mi]　[mu]　[me]　[mo]

词 例

まめ②	[豆]	豆，豆子
みみ②	[耳]	耳朵
むね②	[胸]	胸；内心
め①	[目]	眼睛
なまえ⓪	[名前]	名字，姓名
メモ①	[memo]	笔记，记录
くも①	[雲]	云，云朵
かいもの⓪	[買い物]	购物
もも⓪	[桃]	桃子
もしもし①		喂喂（用于打电话）

や 行

や行假名是半元音［j］分别与あ行元音相拼而成的。

平假名：　や　（い）　ゆ　（え）　よ
片假名：　ヤ　（イ）　ユ　（エ）　ヨ
罗马字：　[ya]　　　　[yu]　　　　[yo]

词 例

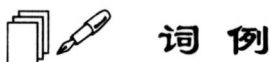

へや②	［部屋］	房间
ゆめ②	［夢］	梦；梦想
みやこ⓪	［都］	首都，京城；都市
よむ①	［読む］	读，看
やきにく⓪	［焼き肉］	烤肉
やくそく⓪	［約束］	约定，约会

ら 行

ら行假名是辅音［r］分别与あ行五个元音相拼而成的。发辅音［r］时，注意与汉语的［r］的区别。

平假名：ら　り　る　れ　ろ

片假名：ラ　リ　ル　レ　ロ

罗马字：[ra]　[ri]　[ru]　[re]　[ro]

词例

さくら⓪　　　　　　［桜］　　　　　櫻花

りかい①　　　　　　［理解］　　　　理解

はいる①　　　　　　［入る］　　　　进入

れきし⓪　　　　　　［歴史］　　　　历史

ろく②　　　　　　　［六］　　　　　（数字）六

かりる⓪　　　　　　［借りる］　　　借

くるみ⓪　　　　　　　　　　　　　　核桃

ふろ②⓪　　　　　　［風呂］　　　　浴池，澡堂

わ 行

わ行假名是由半元音[w]与あ行元音相拼而成的，其中有三个假名与あ行的"い、う、え"相同，"を"的发音同"お"，但不用于单词拼写，只表示语法意义，做助词使用。

平假名：	わ	（い）	（う）	（え）	を
片假名：	ワ	（イ）	（ウ）	（エ）	ヲ
罗马字：	[wa]	[i]	[u]	[e]	[wo]

词例

にわ⓪	[庭]	庭院
しあわせ⓪	[幸せ]	幸福
かわ②	[川]	河，河流
わたし⓪	[私]	（第一人称）我
わかい②	[若い]	年轻的
わらう⓪	[笑う]	笑
こわい②	[怖い]	可怕的，恐怖的

2．拨音

日语中的拨音"ん"，不能单独使用，必须附在其他假名后。发音时闭合口腔，使气流从鼻腔送出。拨音后出现的辅音不同，其发音位置也有改变。

平假名： ん

片假名： ン

罗马字： [n]

 词 例

ほん①	［本］	书
にほん②	［日本］	日本
インク①	［ink］	墨水
せんたく⓪	［選択］	选择
おんせん⓪	［温泉］	温泉
うんてん⓪	［運転］	驾驶
あんしん⓪	［安心］	安心，放心
あんない③	［案内］	向导
まんねんひつ③	［万年筆］	钢笔

3．促音

促音是日语中的一个特殊音节，一般出现在"か、さ、た、ぱ"四行假名之前，用小字体的"っ"来表示。

发音时，促音相当于一个音拍。促音是通过发声器官的部分阻塞或摩擦来阻碍气流发出，形成一个声音顿挫或者摩擦声，随后开放阻塞迅速释放气流。"か、た、ぱ"行前的是阻塞音，虽然没有具体声音，但发声器官是紧张的；"さ"行前的是摩擦音，能感受到气流的摩擦。

第2課　音声（2）

 词　例

こっか①	［国家］	国家
きって⓪	［切手］	邮票
はっきり③		清楚，清晰
せっする③	［接する］	接触
チケット②	[ticket]	票，券
きっさてん③	［喫茶店］	茶馆，咖啡店
けっせき⓪	［欠席］	缺席
はってん⓪	［発展］	发展
よっつ③	［四つ］	四个

 练习

1．反复练习は、ま、や、ら、わ行、ん的发音、书写并背诵。

2．填写假名。

あ行：あ ＿ ＿ え ＿　　か行：か　き ＿ ＿ こ

さ行：さ ＿ ＿ ＿ そ　　た行：た ＿ つ ＿ ＿

な行：な　に ＿ ね ＿　　は行：は ＿ ＿ へ ＿

ま行：ま ＿ ＿ め ＿　　　　や行：＿ い ＿ え ＿

ら行：ら ＿ る ＿ ＿　　　　わ行：＿ い ＿ え ＿

3．认读下列假名并写出相应的片假名。

は→　も→　ゆ→　み→　へ→　ほ→　る→　よ→　り→

ひ→　め→　ら→　ろ→　ん→　わ→　む→　れ→　を→

4．认读下列单词，注意区别。

{みつ① / みっつ③}　　{おと② / おっと⓪}　　{きと① / きっと⓪}　　{いたい② / いったい⓪}

{やま② / へや②}　　{さしみ③ / あゆみ③}　　{おわり⓪ / わすれもの⓪}　　{やすみ③ / むすめ③}

{かれ① / ふね①}　　{ほのお① / はなれる③}　　{アロエ⓪ / クラシック③}　　{クリスマス③ / フランス⓪}

{たてもの② / たのしみ③}　　{たいへん⓪ / ないりく⓪}　　{おと② / おっと⓪}　　{コットン① / コック①}

5．将下列片假名改写成对应的平假名。

サムイ ＿＿＿＿＿　　　　　ヘヤ ＿＿＿＿＿

リソウ ＿＿＿＿＿　　　　　ロウカ ＿＿＿＿＿

ムカシ ＿＿＿＿＿　　　　　ヘタ ＿＿＿＿＿

リレキ ＿＿＿＿＿　　　　　ワスレモノ ＿＿＿＿＿

第2課　音声（2）

コレカラ _____　　　ムスメ _____

ニンム _____　　　ヤクソク _____

6．试读以下中国人及日本人的姓氏。

中国

<ruby>李<rt>り</rt></ruby>①　　<ruby>孫<rt>そん</rt></ruby>①　　<ruby>陳<rt>ちん</rt></ruby>①　　<ruby>林<rt>りん</rt></ruby>①　　<ruby>杜<rt>と</rt></ruby>①

<ruby>崔<rt>さい</rt></ruby>①　　<ruby>金<rt>きん</rt></ruby>①　　<ruby>于<rt>う</rt></ruby>①　　<ruby>韓<rt>かん</rt></ruby>①　　<ruby>白<rt>はく</rt></ruby>①

日本

<ruby>田中<rt>たなか</rt></ruby>⓪　<ruby>高橋<rt>たかはし</rt></ruby>②　<ruby>山本<rt>やまもと</rt></ruby>⓪　<ruby>松本<rt>まつもと</rt></ruby>⓪

<ruby>林<rt>はやし</rt></ruby>⓪　<ruby>木村<rt>きむら</rt></ruby>⓪　<ruby>佐々木<rt>ささき</rt></ruby>⓪　<ruby>佐久間<rt>さくま</rt></ruby>⓪

知识窗

"タバコ"是外来语吗？

　　日语词汇的来源很复杂，有日本固有的"和語（わご）"，如"駅（えき）""言葉（ことば）"；有从中国传入的"漢語（かんご）"，如"雑誌（ざっし）""椅子（いす）"；还有主要从欧美传入的"外来語（がいらいご）"，如"ライス""バス"；另外还有"混成語（こんせいご）"，如"高層（こうそう）ビル"。外来语通常用片假名书写。但是大约在明治时期，很多文人因崇拜汉语，常常用汉字来书写外来语，"たばこ"一词即是如此，久而久之被大众所接受。因此，汉语"香烟"一词用日语既可以书写为"タバコ"，也可以用平假名书写为"たばこ"，还可以用汉字"煙草"来表达。类似的词还有"カバン（鞄）"等。

第3課　音声（3）

1. 浊音和半浊音

浊音是由清音"か、さ、た、は"这四行假名派生出来的，用浊音符号"゛"表示。半浊音只有ぱ行五个假名，用半浊音符号"゜"表示。

（半）浊音表

浊音	が行	が ga	ぎ gi	ぐ gu	げ ge	ご go
	ざ行	ざ za	じ zi(ji)	ず zu(du)	ぜ ze	ぞ zo
	だ行	だ da	ぢ (zi di ji)	づ zu(du)	で de	ど do
	ば行	ば ba	び bi	ぶ bu	べ be	ぼ bo
半浊音	ぱ行	ぱ pa	ぴ pi	ぷ pu	ぺ pe	ぽ po

が行

が行浊音是由 [g] 与あ行的五个元音相拼而成的。当"が、ぎ、ぐ、げ、ご"出现在单词的第二个及其以后的音节时，要通过鼻腔发音，称为鼻浊音。

平假名： が　　ぎ　　ぐ　　げ　　ご

片假名： ガ　　ギ　　グ　　ゲ　　ゴ

罗马字：[ga]　　[gi]　　[gu]　　[ge]　　[go]

词 例

がか⓪	[画家]	画家
かがく①	[科学]	科学
かいぎ①	[会議]	会议
みぎ⓪	[右]	右，右边
かげ①	[影]	影子
ぐあい⓪	[具合]	情况
げた⓪	[下駄]	木屐
げんかん①	[玄関]	正门，大门
ごご①	[午後]	下午

ざ 行

ざ行浊音是由舌齿有声摩擦辅音[z]与あ行的五个元音相拼而成的。其中"じ"读成[zi]、"ず"读成[zu]。

第3課　音声（3）

平假名：ざ　　じ　　ず　　ぜ　　ぞ

片假名：ザ　　ジ　　ズ　　ゼ　　ゾ

罗马字：[za]　[zi]　[zu]　[ze]　[zo]

词例

はいざら⓪	［灰皿］	烟灰缸
ざんねん③	［残念］	遗憾
じかん⓪	［時間］	时间
ひつじ⓪	［羊］	羊
ちず①	［地図］	地图
しずか①	［静か］	安静
かぜ⓪	［風邪］	感冒
ゼロ①	[zero]	零
かぞく①	［家族］	家人

だ 行

だ行浊音是由舌齿有声破裂辅音［d］与あ行的五个元音相拼而成的。其中"ぢ"读成[zi]，"づ"读成[zu]；罗马字还可标记为

[di][du]。单词中多用"じ""ず"。但是，也有的单词仍写成"ぢ""づ"，如"はなぢ（はな＋ち）""みかづき（みか＋つき）"，这种词是在连接时发生了浊音变化的现象。"つづく""ちぢむ"这种同一个假名重复的时候也发生浊音变化的现象。

平假名：だ　　ぢ　　づ　　で　　ど

片假名：ダ　　ヂ　　ヅ　　デ　　ド

罗马字：[da]　[zi]　[zu]　[de]　[do]

词 例

だいがく⓪	[大学]	大学
からだ⓪	[体]	身体
ちぢむ⓪	[縮む]	缩小
つづく⓪	[続く]	继续
きづく②	[気づく]	发觉，发现
でんわ⓪	[電話]	电话
でんき①	[電気]	电；电灯
ドラマ①	[drama]	电视剧
どなた①		哪一位

ば 行

ば行浊音是由辅音 [b] 与あ行的五个元音相拼而成的。

平假名： ば　び　ぶ　べ　ぼ

片假名： バ　ビ　ブ　ベ　ボ

罗马字： [ba]　[bi]　[bu]　[be]　[bo]

词 例

ことば③	[言葉]	词，语言
がんばる③	[頑張る]	努力，加油
あそぶ③	[遊ぶ]	玩，玩耍
テレビ①	[television]	电视
しんぶん⓪	[新聞]	报纸
ぶんか①	[文化]	文化
かべ⓪	[壁]	墙壁
ボタン⓪	[button]	钮扣
ぼこく①	[母国]	祖国；本国

ぱ 行

ぱ行半濁音是由辅音［p］与あ行的五个元音相拼而成的。

平假名： ぱ　　ぴ　　ぷ　　ぺ　　ぽ

片假名： パ　　ピ　　プ　　ペ　　ポ

罗马字：[pa]　　[pi]　　[pu]　　[pe]　　[po]

词 例

かんぱい⓪	［乾杯］	干杯
しんぱい⓪	［心配］	担心
パンダ①	[panda]	熊猫
ピアノ⓪	[piano]	钢琴
えんぴつ⓪	［鉛筆］	铅笔
プレゼント②	[present]	礼物
かんぺき⓪	［完璧］	完美
ポスト①	[post]	邮筒
さんぽ⓪	［散歩］	散步

2．长音

长音是指把一个假名的元音部分延长一拍的音。

长音的标记法如下：

あ段假名 + あ　　　　　　　　い段假名 + い

う段假名 + う　　　　　　　　え段假名 + い 或 え

お段假名 + う 或 お

外来语发长音时用"ー"表示，相当于一个音拍，书写时占一格。

词 例

おかあさん②	[お母さん]	妈妈
くうき①	[空気]	空气
けいたい⓪	[携帯]	手机
こうつう⓪	[交通]	交通
コーヒー③	[coffee]	咖啡
サービス	[service]	服务
スポーツ②	[sport]	体育
すもう⓪	[相撲]	相扑
ちいさい③	[小さい]	小的
れいぎ③	[礼儀]	礼仪

3．拗音

由い段假名（"い"除外）分别和"や、ゆ、よ"相拼成的音叫拗音。拗音虽然有两个假名但构成一个音节，读时长短为一拍。书写方式是在い段假名（"い"除外）的右下角分别加上小字体的"ゃ""ゅ""ょ"。

拗 音 表

か行	きゃ（キャ）kya	きゅ（キュ）kyu	きょ（キョ）kyo
が行	ぎゃ（ギャ）gya	ぎゅ（ギュ）gyu	ぎょ（ギョ）gyo
さ行	しゃ（シャ）sya	しゅ（シュ）syu	しょ（ショ）syo
ざ行	じゃ（ジャ）zya	じゅ（ジュ）zyu	じょ（ジョ）zyo
た行	ちゃ（チャ）tya	ちゅ（チュ）tyu	ちょ（チョ）tyo
だ行	ぢゃ（ヂャ）zya	ぢゅ（ヂュ）zyu	ぢょ（ヂョ）zyo
な行	にゃ（ニャ）nya	にゅ（ニュ）nyu	にょ（ニョ）nyo
は行	ひゃ（ヒャ）hya	ひゅ（ヒュ）hyu	ひょ（ヒョ）hyo
ば行	びゃ（ビャ）bya	びゅ（ビュ）byu	びょ（ビョ）byo
ぱ行	ぴゃ（ピャ）pya	ぴゅ（ピュ）pyu	ぴょ（ピョ）pyo
ま行	みゃ（ミャ）mya	みゅ（ミュ）myu	みょ（ミョ）myo
ら行	りゃ（リャ）rya	りゅ（リュ）ryu	りょ（リョ）ryo

 词 例

きょうしつ⓪	[教室]	教室
きょねん①	[去年]	去年
コミュニケーション④	[communication]	沟通，交流
しゅうかん⓪	[習慣]	习惯
じゅぎょう①	[授業]	上课
しゅじん①	[主人]	主人
ちょっと①		稍微，一点儿
はっぴょう⓪	[発表]	发表
ひゃっかてん③	[百貨店]	百货商店
りょこう⓪	[旅行]	旅行

4．外来语中常用的特殊拗音

在第1课中，我们介绍了日语的外来语。除此之外，日语的外来语中还有一些常用的特殊假名，书写形式和拗音一样。这是为接近原语发音或原拼写方法而常使用的外来语专用音节假名，常用于外国地名和人名等。这些常用的拗音有"ツァ、ヴァ、ティ、ディ、シェ、ウォ"等等。

词 例

ウィーン①	[wien]	维也纳
ウェブ①	[web]	网站
チェック①	[check]	确认
パーティー①	[party]	晚会
ファイル①	[file]	文件夹
ファックス①	[fax]	传真
フィリピン①	[philippines]	菲律宾
メディア①	[media]	媒体

练 习

1．反复练习浊音、半浊音、长音及拗音的发音和书写。

2．完成表格。

		ぎ		げ	
浊音	ざ		ず		
	だ			で	
			ぶ	べ	
半浊音	ぱ		ぷ		

第3課 音声（3）

3．认读下列平假名并写出相应的片假名。

にゃ→　　ぴょ→　　ちゃ→　　りゅう→　　みょう→

ぎゅう→　しょっ→　ちょっ→　じょん→　　ぴょん→

4．正确朗读下列单词。

ざんねん③　　ゆうじん◎　　げんき①　　ぜったい◎

りっぱ◎　　　かんごふ③　　ぶんぼうぐ③　がっこう◎

バランス◎　　メンバー①　　レポート②　　ガイド①

ショッピング①　リサイクル②　ウイルス①　チャット①

5．反复朗读下列词例，注意区别。

{ てんとう◎　　　{ にんぎょ①　　　{ しゅかん◎
{ でんとう◎　　　{ にんぎょう◎　　{ しゅうかん◎

{ スパイ②　　　　{ じこ①　　　　　{ しゅうと◎
{ すっぱい③　　　{ じっこう◎　　　{ じゅうどう①

{ びょういん◎　　{ ちょうど◎　　　{ きょねん①
{ びよういん②　　{ ちょっと①　　　{ きょうねん◎

{ かいきゅう◎　　{ ようか◎　　　　{ しゅうにゅう◎
{ かいきょう◎　　{ よっか◎　　　　{ じゅにゅう◎

{ ここ◎　　　　　{ こきゅう◎　　　{ しょうにん◎
{ こうこう◎　　　{ こきょう①　　　{ しよにん◎

$$\begin{cases}しゃっかん⓪\\じゃっかん⓪\end{cases} \quad \begin{cases}はっぴょう⓪\\はつびょう⓪\end{cases} \quad \begin{cases}りょかん⓪\\りょうかん⓪\end{cases}$$

6．将下列假名改写成对应的平假名或片假名。

いめーじ　　　　　　　　にゅーす

おりんぴっく　　　　　　さんどいっち

チョット　　　　　　　　ギュウニュウ

オハヨウ　　　　　　　　サヨウナラ

7．试读下列特殊外来语单词。

ディズニーランド⑤　　ジェスチャー①　　ディスプレー③

ジェットコースター⑥　ファッション①　　フォーク①

ウォーター⓪　　　　　フィット①　　　　シェーバー①

8．熟读下列数字。

<ruby>一<rt>いち</rt></ruby>⓪　<ruby>二<rt>に</rt></ruby>①　<ruby>三<rt>さん</rt></ruby>⓪　<ruby>四<rt>し・よん・よ</rt></ruby>①　<ruby>五<rt>ご</rt></ruby>⓪

<ruby>六<rt>ろく</rt></ruby>②　<ruby>七<rt>しち②・なな①</rt></ruby>　<ruby>八<rt>はち</rt></ruby>⓪　<ruby>九<rt>きゅう・く</rt></ruby>①　<ruby>十<rt>じゅう</rt></ruby>①

9．熟悉日语星期的读法。

<ruby>月曜日<rt>げつようび</rt></ruby>③　<ruby>火曜日<rt>かようび</rt></ruby>②　<ruby>水曜日<rt>すいようび</rt></ruby>③　<ruby>木曜日<rt>もくようび</rt></ruby>③

<ruby>金曜日<rt>きんようび</rt></ruby>③　<ruby>土曜日<rt>どようび</rt></ruby>②　<ruby>日曜日<rt>にちようび</rt></ruby>③

10. 试读下列专有名词。

<ruby>張<rt>ちょう</rt></ruby>①   <ruby>趙<rt>ちょう</rt></ruby>①   <ruby>周<rt>しゅう</rt></ruby>①   <ruby>呉<rt>ご</rt></ruby>①   <ruby>王<rt>おう</rt></ruby>①   <ruby>楊<rt>よう</rt></ruby>①

<ruby>田<rt>でん</rt></ruby>①   <ruby>朱<rt>しゅ</rt></ruby>①   <ruby>高<rt>こう</rt></ruby>①   <ruby>劉<rt>りゅう</rt></ruby>①   <ruby>徐<rt>じょ</rt></ruby>①   <ruby>宋<rt>そう</rt></ruby>①

<ruby>佐藤<rt>さとう</rt></ruby>①   <ruby>鈴木<rt>すずき</rt></ruby>⓪   <ruby>松田<rt>まつだ</rt></ruby>⓪   <ruby>安倍<rt>あべ</rt></ruby>⓪   <ruby>福田<rt>ふくだ</rt></ruby>⓪

<ruby>北京<rt>ぺきん</rt></ruby>①   <ruby>上海<rt>しゃんはい</rt></ruby>①   <ruby>広州<rt>こうしゅう</rt></ruby>①   <ruby>杭州<rt>こうしゅう</rt></ruby>①

<ruby>蘇州<rt>そしゅう</rt></ruby>①   <ruby>瀋陽<rt>しんよう</rt></ruby>①   <ruby>天津<rt>てんしん</rt></ruby>①   ハルビン①

<ruby>本州<rt>ほんしゅう</rt></ruby>①   <ruby>九州<rt>きゅうしゅう</rt></ruby>①   <ruby>四国<rt>しこく</rt></ruby>③   <ruby>北海道<rt>ほっかいどう</rt></ruby>③

<ruby>東京<rt>とうきょう</rt></ruby>⓪   <ruby>京都<rt>きょうと</rt></ruby>①   <ruby>大阪<rt>おおさか</rt></ruby>⓪   <ruby>仙台<rt>せんだい</rt></ruby>①

知识窗

日语常用汉字和汉字的读音

　　1981年10月，日本文化厅颁布了《常用汉字表》，规定了用于法令、公文、报纸、杂志、广播等一般社会生活用字的规范读音及写法，共收录了1945个常用汉字。2010年11月日本政府又颁布了《修订常用汉字表》，共2136个字。

　　日语汉字的读音较复杂，经常同一个汉字既有"音読み(おんよ)"，又有"訓読み(くんよ)"，比如"大学(だいがく)"（音读），"大(おお)きい"（训读）。还有一个汉字对应多个读音的情况，如汉字"行"的读法有"旅行(りょこう)""行(い)く""行列(ぎょうれつ)"等；汉字"日"有"日本(にほん)""こどもの日(ひ)""本日(ほんじつ)""日曜日(にちようび)"等读音。因此，在记忆日语单词时，要认真加以区分，做到准确无误。

日常寒暄语

1. おはようございます。　　　　　　　　早上好！

2. こんにちは。　　　　　　　　　　　　你好！

3. 今晩(こんばん)は。　　　　　　　　　　　　　　晚上好！

4. お休(やす)みなさい。　　　　　　　　　　　晚安！

5. さようなら。　　　　　　　　　　　　再见！

6. では（じゃ）、また明日(あした)。　　　　　　我们明天见！

7. では（じゃ）、また。　　　　　　　　回头见！

　　（6和7的说法一般用于熟人之间。）

8. A：～です。初(はじ)めまして。どうぞよろしくお願(ねが)い（いた）

　　します。　　　　　我叫～。初次见面，请多关照。

　　B：～です。初(はじ)めましてこちらこそ、よろしくお願(ねが)い

　　（いた）します。

　　　　　　　　　我是～。初次见面，还要请您多关照。

9. A：ありがとうございました。　　　　　谢谢！

　　B：いいえ、どういたしまして。　　　　不用谢。

10. A：すみません。 対不起。

　　B：いいえ。 没关系。

（「ごめんなさい」「申し訳ありません」均为"对不起"之意,「ごめんなさい」比「すみません」随意些,而「申し訳ありません」是客气的表达形式。）

11. A：行ってきます。 （离开时）我出去了。

　　B：行ってらしゃい。 （家里人）路上小心。

12. A：ただいま。 （外出进门时）我回来了。

　　B：お帰りなさい。 （家里人）你回来啦。

13. A：お久しぶりですね。 好久不见了。

　　B：そうですね。 是啊,好久不见了。

14. A：お元気ですか。 你身体好吗？

　　B：ありがとうございます。元気です。 谢谢,我很好。

15. A：いいお天気ですね。 天气真好啊！

　　B：そうですね。（本当にいいお天気ですね。）

　　　　　　　　　　　　　　　　是啊。（真是好天气啊！）

16. どうぞ、お掛け下さい。 请坐。

　　（也可以说「座ってください」。）

第3課　音声（3）

17. みなさん、お疲れ様でした。　　　　　　大家辛苦了！

（也可以说「ご苦労様でした」，但语气不如「お疲れ様でした」客气。）

18. A：いつもお世話になっております。

　　　　　　　　　　　　　　　　　　　经常受到您的关照。

　　B：こちらこそお世話になっております。

　　　　　　　　　　　　　　　　　　　是我常受到您的关照。

19. ご迷惑をおかけします。　　　　　対不起，给您添麻烦。

20. A：失礼いたします。（进他人房间时）対不起，打扰一下。

　　B：どうぞお入りください。　　　　　　　　　　请进。

21. どうもお邪魔（いた）しました。

　　　　　　　　　　　　　　　（将离开他人房间之前）打扰了。

课堂用语

1. では、授業を始めましょう。　　　　　　　　　现在开始上课。
2. まず出席を取ります。　　　　　　　　　　　　先点一下名。
3. テキスト（教科書）の～ページを開いてください。

　　　　　　　　　　　　　　　　　　　　　　　请翻开教材第～页。
4. だれか本文を読んでください。　　　　　　　　谁来读一下课文？
5. 先生の後について読んでください。　　　　　　跟着老师读。
6. みなさん、いっしょに読んでください。　　　　请大家一起读。
7. 黒板を見てください。　　　　　　　　　　　　请看黑板。
8. 本を閉じてください。　　　　　　　　　　　　请合上书。
9. 次に、書き取りをしますから、教科書を見ないでください。

　　　　　　　　　　　　　　　　　　　　接下来进行听写，请不要看书。
10. 分った人は手を挙げてください。　　　　　　会的同学请举手。
11. ノートに書いてください。　　　　　　　　　请写在笔记本上。
12. ちゃんとメモをしてください。　　　　　　　请做好笔记。
13. 座ってください。　　　　　　　　　　　　　请坐。
14. 授業中、携帯電話を見ないでください。

　　　　　　　　　　　　　　　　　　　　　　上课请不要看手机。

第3課　音声（3）

15. もう一度言ってください。　　　　　　　　再说一遍。
16. 繰り返してください。　　　　　　　　　　请重复一遍。
17. すみません。先生、もう一度お願いします。

　　　　　　　　　　　　　　　对不起，请老师再重复一遍。
18. 録音を聞いてください。　　　　　　　　　请听录音。
19. よく聞いて、それから質問に答えてください。

　　　　　　　　　　　　　　　仔细听，然后回答问题。
20. もっと大きい声で言ってください。　　请再大点声说。
21. ゆっくり読んでください。　　　　　　　　请读慢一点。
22. 静かにしてください。　　　　　　　　　　静一静！
23. 答えを黒板に書いてください。　　请把答案写在黑板上。
24. 何か分らないところがありますか。

　　　　　　　　　　　　　　　　　有没有不明白的地方？
25. ちょっと休みましょう。（休憩しましょう。）

　　　　　　　　　　　　　　　　　　　　休息一下吧。
26. 二人で会話の練習をしてください。

　　　　　　　　　　　　　　　　　　两人一组做会话练习。
27. では、宿題を出します。　　　　　　　下面留作业。
28. 宿題を提出してください。　　　　　　请交作业。
29. もう時間になりました。　　　　　　　到时间了。
30. 今日の授業はこれで終わります。　　今天的课到此结束。

第4課　私は学生です

基本句型

1. 私は林です。
2. 林さんは先生ではありません。職員です。
3. 周さんは学生ですか。
4. 山田さんは工業大学の留学生です。
5. 張さんも日本語学科の学生です。
6. 山田さんは日本人で、留学生です。

例句

1. A：張さんは学生ですか。

   B：はい、（私は）学生です。

2. A：林さんも学生ですか。

   B：いいえ、（私は）学生ではありません。
   　　大学の職員です。

3．A：山田さんは日本人ですね。

B：はい、そうです。（私は）日本人です。

4．A：山田さんは会社員ですか。

B：いいえ、違います。（私は）工業大学の留学生です。

5．A：周さんは学生ですか。

B：はい、（私は）日本語学科の学生で、二年生です。

（清水向小周和小张介绍新来的留学生山田。）

こちらは山田さんです

清水：張さん、周さん、こちらは山田さんです。

山田：初めまして。山田です。よろしくお願いします。

張　：初めまして。張です。こちらこそ、よろしくお願いします。

周　：初めまして。周です。よろしくお願いします。

張　：山田さんは留学生ですね。

山田：はい、そうです。中国語学科の留学生です。張さんの
専門は何ですか。

張　：日本語です。日本語学科の三年生です。

山田：ああ、そうですか。周さんは。

周　：私も日本語学科の学生です。二年生です。

山田：そうですか。

短文

張さんは工業大学日本語学科の学生です。周さんも日本語学科の学生です。張さんは三年生で、周さんは二年生です。

清水さんは工業大学の留学生です。山田さんも留学生で、清水さんの友達です。

林さんは学生ではありません。留学生センターの職員です。

単词

私（わたし）⓪　　　　　［代］　　我

学生（がくせい）⓪　　　［名］　　（大）学生

林（りん）①	［专］	（姓）林
～さん	［接尾］	～先生，～女士， 小～，老～
先生（せんせい）③	［名］	老师
職員（しょくいん）②	［名］	职员
周（しゅう）①	［专］	（姓）周
山田（やまだ）⓪	［专］	（姓）山田
大学（だいがく）⓪	［名］	大学
工業大学（こうぎょうだいがく）⑤	［专］	工业大学
留学生（りゅうがくせい）④	［名］	留学生
張（ちょう）①	［专］	（姓）张
日本語（にほんご）⓪	［名］	日语
日本語学科（にほんごがっか）⑤	［专］	日语专业，日语系
日本人（にほんじん）④	［名］	日本人
はい①	［感］	是，是的
いいえ③	［感］	不，不是
そう①	［副］	那样

会社員（かいしゃいん）③	[名]	公司职员
違います（ちがいます）④	[自Ⅰ]	不对，不是
二年生（にねんせい）②	[名]	二年级学生
こちら⓪	[代]	这位；这边，这里
初めまして（はじめまして）④	[寒暄]	初次见面
よろしく⓪	[副]	请多关照
よろしく お願いします（おねがいします）⓪+⑥	[寒暄]	请多关照
こちらこそ④	[寒暄]	彼此彼此，我才应该～
中国語学科（ちゅうごくごがっか）⑤	[专]	汉语专业，中文专业
専門（せんもん）⓪	[名]	专业
何（なん）①	[代]	什么
三年生（さんねんせい）③	[名]	三年级学生
ああ①	[感]	啊，哎，哎呀
清水（しみず）①	[专]	（姓）清水
友達（ともだち）⓪	[名]	朋友
留学生センター（りゅうがくせいセンター）④+①	[名]	留学生中心

1．日语的词类（品詞_{ひんし}）

日语的词类可分为独立词和附属词，并根据有无词尾变化（活用_{かつよう}）按如下分类。

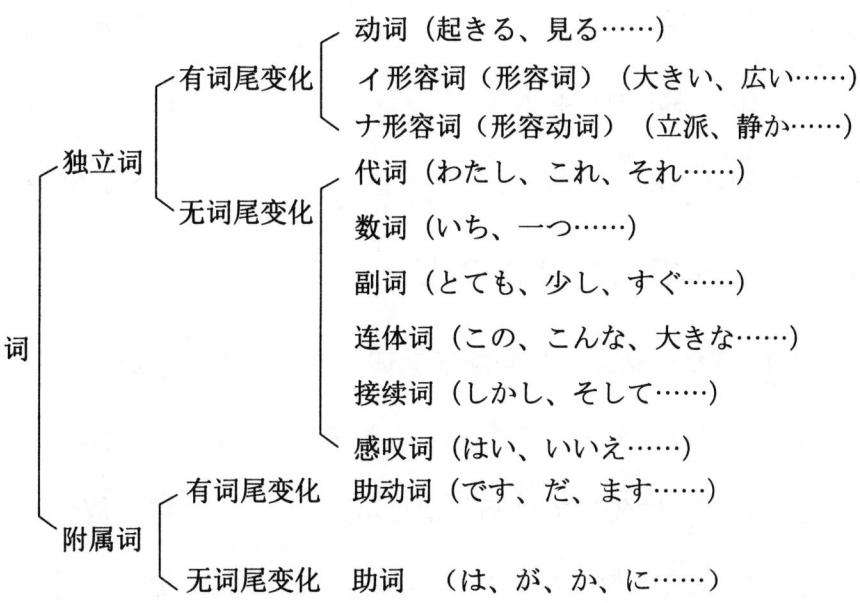

体言：名词、代词、数词总称为体言。体言可以做主语、宾语、补语，也可以和判断助动词结合起来做谓语。

用言：动词、イ形容词（形容词）、ナ形容词（形容动词）总称为用言。用言可以单独或结合助动词做谓语。

助词：格助词、接续助词、终助词、提示助词、副助词等。

2．～は～です

　　该句型是表示肯定的判断句。日语名词性词语（包括普通名词、专有名词、代词和数词等）接在提示助词"は"和助动词"です"的前面构成敬体的判断句，用于提示叙述的话题。日语的判断句主要用于说明职业、身份、籍贯、时间、天气、年龄、价格和数量等。此时"は"读作"わ（wa）"。

　　○　私は学生です。　　　　　　　　　　（我是学生。）
　　○　山田さんは日本人です。　　　　　　（山田是日本人。）
　　○　周さんは二十歳です。　　　　　　　（小周20岁。）

3．～は～ではありません

　　"ではありません"是判断助动词"です"的否定形式。在日常会话中，"ではありません"还可以说成"じゃありません"。

　　○　林さんは先生ではありません。　　　（小林不是老师。）
　　○　私は会社員じゃありません。　　　　（我不是公司职员。）

4．～は～ですか

　　"か"是终助词，接在句尾表示疑问，读升调。日语的疑问句在句尾多使用句号。

　　○　周さんの専門は何ですか。

（小周（你）是学什么专业的？）

○ 周さんは二年生ですか。

（小周（你）是二年级的学生吗？）

○ 山田さんは会社員ですか。

（山田（你）是公司职员吗？）

5．の〈限定〉

名词性词语之间加格助词"の"，表示限定关系。

○ 私は日本語学科の学生です。（我是日语专业的学生。）

○ 山田さんは工業大学の留学生です。

（山田是工业大学的留学生。）

○ 周さんは私の友達です。　　　（小周是我的朋友。）

6．～も～です

"も"是提示助词，接在名词和一些助词的后面，表示同类事物的叠加。本课"も"在判断句中替换掉"は"，相当于汉语的"……也是……"。

○ 山田さんは留学生です。清水さんも留学生です。

（山田是留学生，清水也是留学生。）

○ 張さんは日本語学科の学生です。周さんも日本語学科の学生です。

（小张是日语专业的学生，小周也是日语专业的学生。）

○ A：あなたも学生ですか。　　　　（你也是学生吗？）

　B1：はい、私も学生です。　　　（是的，我也是学生。）

　B2：いいえ、私は学生ではありません。

（不，我不是学生。）

7．～は～で、～です

"で"是判断助动词"です"的中顿形式，用于把两个或两个以上的判断句连成一句，表示并列。

○ 張さんは日本語学科の学生です。張さんは三年生です。
→張さんは日本語学科の学生で、三年生です。

（小张是日语专业三年级学生。）

○ 清水さんは留学生です。清水さんは私の友達です。
→清水さんは留学生で、私の友達です。

（清水是一名留学生，是我的朋友。）

第4課　私は学生です

词语与用法说明

1．～さん

"さん"是接尾词，接在听话人或话题当中提到的人的姓或姓名之后构成称谓词，是对他人较为礼貌的称呼方式。在称呼说话人自己时不能使用。根据情形可译为汉语的"老（李）、小（张）、（王）先生、（王）女士、（赵）小姐"等。在日本，称呼他人时，如果知道对方的姓名，一般用姓或姓名加"さん"的形式，而很少用第二人称代词"あなた（你）"。另外，称呼老师、医生、律师等职业的人员时，日语一般用"先生（せんせい）"。

2．はい/いいえ

回答一般疑问句时，肯定回答要先说"はい"，否定要说"いいえ"。另外，为了避免重复和问句相同的部分，肯定回答还可以用"はい、そうです"，否定用"いいえ、そうではありません"或者"いいえ、違（ちが）います"来简单回答。

○　A：周（しゅう）さんは二年生（にねんせい）ですか。

（小周你是二年级的学生吗？）

B1：はい、二年生（にねんせい）です。　（是的，我是二年级的学生。）

B2：はい、そうです。　　　　　　　　　　　　（是的。）

○ A：山田さんは会社員ですか。

（山田你是公司职员吗？）

B1：いいえ、会社員ではありません。

（不，我不是公司职员。）

B2：いいえ、そうではありません。　　（不，我不是。）

B3：いいえ、違います。　　　　　　（不，我不是。）

3．主语的省略

日语里，根据语境完全可以明确主语的情况下，主语常常被省略。

下面例句中括号内的主语一般可以省略。

○ 初めまして。（私は）山田です。よろしくお願いします。

（初次见面，我是山田，请多关照。）

○ A：（あなたは）張さんですか。　（你是小张吗？）

B：はい、（私は）張です。　　　（是的，我是。）

4．ね

"ね"是终助词，用于说话人向听话人进行确认，句尾用升调。

○ A：山田さんは日本人ですね。　（山田你是日本人吧？）

B：はい、そうです。　　　　　　　　　　（是的。）

○ A：李さんも日本語学科の学生ですね。

（小李也是日语专业的学生吧？）

B：はい、そうです。　　　　　　　　　　（是的。）

5．こちらは～です

"こちら"原是表示方向的代词，这里用来指人，用于郑重地向对方介绍某人，相当于汉语的"这位是……"。

○ 山田さん、こちらは張さんです。（山田，这位是小张。）

6．初めまして

日本人初次见面时的寒暄语，相当于汉语的"幸会"之意，也可直译为"初次见面"。

○ 初めまして。清水です。　　　　（初次见面，我是清水。）

7．よろしくお願いします

寒暄语，表示"请多关照""请多指教"等意思。

○ 初めまして。清水です。よろしくお願いします。

（初次见面，我是清水，请多关照。）

○ A：初めまして。林です。よろしくお願いします。

（初次见面，我姓林，请多关照。）

B：山田です。こちらこそ、よろしくお願いします。

　　　　　　　　　　　　（我是山田，我还要请您多关照。）

8．周さんは

　　该句要问的是"周さんの専門は何ですか"。因前一句山田已问过小张的专业是什么，所以不需要重复上一句的谓语部分，只用"周さんは"的形式，表示"小周你呢？（你的专业是什么？）"。句尾读升调。

　　○ A：私は会社員です。林さんは。

　　　　　　　　　　　　（我是公司职员，林先生你呢？）

　　B：（私は）大学の職員です。　　（我是大学的职员。）

9．そうですか

　　表示理解了对方所说的内容，有时有轻微的附和以及感叹的语气，读降调。

　　○ A：周さんは。　　　　　　　　　　（小周你呢？）

　　B：私も日本語学科の学生です。二年生です。

　　　　　　（我也是日语专业的学生。我是二年级的学生。）

　　A：ああ、そうですか。　　　　　　（啊，是吗。）

10. 数字的说法

以下是数字0～10的说法。

0	れい①、ゼロ①	6	ろく②
1	いち②	7	なな①、しち②
2	に①	8	はち②
3	さん⓪	9	きゅう①、く①
4	よん①、し①、よ①	10	じゅう①
5	ご①		

11. 年级的说法

以下是日语1～6年级以及几年级的说法。

いちねんせい 一年生③	にねんせい 二年生②	さんねんせい 三年生③	よねんせい 四年生②
ごねんせい 五年生②	ろくねんせい 六年生③	なんねんせい 何年生③	

練 習

一、替换练习。

1．例：私(わたし)・学生(がくせい)⇒私は学生です。

① 周(しゅう)さん・学生(がくせい)　　② 清水(しみず)さん・留学生(りゅうがくせい)

③ 山田(やまだ)さん・日本人(にほんじん)　　④ 李(り)さん・中国人(ちゅうごくじん)

2．例：私(わたし)・学生(がくせい)⇒私(わたし)は学生(がくせい)ではありません。

① 周(しゅう)さん・会社員(かいしゃいん)　　② 清水(しみず)さん・職員(しょくいん)

③ 山田(やまだ)さん・先生(せんせい)　　④ 林(りん)さん・日本人(にほんじん)

3．例：清水(しみず)さん・留学生(りゅうがくせい)⇒A：清水(しみず)さんは留学生(りゅうがくせい)ですか。

B：はい、留学生(りゅうがくせい)です。

① 張(ちょう)さん・学生(がくせい)　　② 林(りん)さん・中国人(ちゅうごくじん)

③ 山田(やまだ)さん・日本人(にほんじん)　　④ 周(しゅう)さん・二年生(にねんせい)

4．例：周(しゅう)さん・三年生(さんねんせい)・二年生(にねんせい)

⇒A：周(しゅう)さんは三年生(さんねんせい)ですか。

B：いいえ、三年生(さんねんせい)ではありません。二年生(にねんせい)です。

① 林(りん)さん・学生(がくせい)・大学(だいがく)の職員(しょくいん)

② 清水(しみず)さん・会社員(かいしゃいん)・留学生(りゅうがくせい)

③ 張(ちょう)さん・二年生(にねんせい)・三年生(さんねんせい)

④ 山田(やまだ)さん・北京大学(ペキンだいがく)の留学生(りゅうがくせい)・工業大学(こうぎょうだいがく)の留学生(りゅうがくせい)

5．例：清水(しみず)さん・留学生(りゅうがくせい)⇒A：清水(しみず)さんは留学生(りゅうがくせい)ですか。

B：はい、そうです。

① 張(ちょう)さん・学生(がくせい)　　② 林(りん)さん・中国人(ちゅうごくじん)

③ 山田(やまだ)さん・日本人(にほんじん)　　④ 周(しゅう)さん・二年生(にねんせい)

第4課　私は学生です

6．例：周さん・三年生・二年生

　　⇒A：周さんは三年生ですか。

　　　B：いいえ、違います。二年生です。

　　① 林さん・学生・職員

　　② 清水さん・会社員・留学生

　　③ 張さん・二年生・三年生

　　④ 林さん・韓国人・中国人

7．例：山田さん・清水さん・留学生

　　⇒山田さんは留学生です。清水さんも留学生です。

　　① 山田さん・清水さん・日本人

　　② 張さん・周さん・日本語学科の学生

　　③ 私・林・中国人

　　④ 張さん・周さん・工業大学の学生

8．例：林さん・学生・大学の職員

　　⇒A：林さんも学生ですか。

　　　B：いいえ、林さんは学生ではありません。
　　　　大学の職員です。

　　① 林さん・韓国人・中国人

② 山田さん・先生・留学生

③ 周さん・三年生・二年生

④ 張さん・中国語学科の学生・日本語学科の学生

9．例：山田・張

⇒A：初めまして。（私は）山田です。よろしくお願いします。

B：初めまして。（私は）張です。こちらこそ、

よろしくお願いします。

① 清水・林　　② 山田・周　　③ 清水・王

10．例：周さん・日本語⇒A：周さんの専門は何ですか。

B：日本語です。

A：李さんは。

B：私の専門も日本語です。

① 山田さん・中国語　　　　② 張さん・日本語

③ 楊さん・英語　　　　　　④ 王さん・化学

11．例：山田さん・日本人・工業大学の留学生

⇒山田さんは日本人で、工業大学の留学生です。

① 山田さん・日本人・留学生

② 林さん・中国人・大学の職員

③ 周さん・中国人・工業大学の学生

④ 清水さん・工業大学の留学生・張さんの友達

二、在（ ）内填入适当的词语完成会话。

例：A：李さんは（ 学生 ）ですか。

B：はい、学生です。

1．A：あなたは（　　　）ですか。

B：はい、林です。

2．A：周さんの専門は（　　　）ですか。

B：日本語です。

3．A：林さんも日本語学科の学生ですか。

B：（　　　）、違います。

4．A：山田さんは工業大学の留学生ですか。

B：はい、（　　　）です。

5．A：林さんは韓国人ですか。

B：いいえ、（　　　）ではありません。中国人です。

6．A：初めまして。張です。（　　　）お願いします。

B：山田です。（　　　）、よろしくお願いします。

三、参照例句完成句子。

例：は・です・私・学生 ⇒ 私は学生です。

1. 張さん・か・学生・も・です

2. 私・清水さん・は・の・友達・です

3. 清水さん・ではありません・会社員・は

4. 工業大学・周さん・の・学生・は・です

5. 専門・は・張さん・です・の・か・何

6. で・清水さん・留学生・工業大学・は・の・日本人・です

四、汉译日。

1. 我是工业大学的学生。

2. 小林不是学生，是大学的职员。

3. 小李你是学什么专业的？

4. 山田是日本人，是工业大学的留学生。

5. A：小周你也是三年级学生吗？

   B：不，不是。我是二年级学生。

補充単語

二十歳（はたち）①	［名］	二十岁
あなた②	［代］	（第二人称）你
中国人（ちゅうごくじん）④	［名］	中国人
李（り）①	［専］	（姓）李
北京大学（ペキンだいがく）④	［専］	北京大学
韓国人（かんこくじん）④	［名］	韩国人
王（おう）①	［専］	（姓）王
中国語（ちゅうごくご）⓪	［名］	汉语，中文
楊（よう）①	［専］	（姓）杨
英語（えいご）⓪	［名］	英语
化学（かがく）①	［名］	化学

知识窗

日本概况

日本是由本州、四国、九州、北海道四个大岛近7 000个小岛组成的东亚群岛国家，国土面积约37.8万平方千米，人口约1.26亿。日本境内平原少，山地多，山地约占总面积的70%，大多数山为火山，其中著名的活火山富士山海拔3 776米，是日本最高的山，也是日本的象征。

日本的行政区划为都、道、府、县（相当于中国的省）、市、町、村，有1都（东京都）、1道（北海道）、2府（大阪府、京都府）和43个县，还有1 700多个市町村。

地方区划分为北海道、东北地方、关东地方、中部地方、近畿地方、中国地方、四国地方、九州冲绳地方。

第5課　これは私のパソコンです

基本句型

1. これは日本語の本です。
2. あれは中国の車です。
3. このパソコンは私のです。
4. ここは食堂です。
5. 食堂はどこですか。

例句

1. A：これは何ですか。

   B：（それは）お菓子です。

2. A：これはどこの車ですか。

   B：（これは）中国の車です。

3. A：あれは何の本ですか。

   B：（あれは）英語の本です。

4. A：その携帯電話はだれのですか。

   B：（これは）私のです。

5．A：この傘はいくらですか。

　　B：（これは）千円です。

6．A：あの方はどなたですか。

　　B：（あの方は）清水さんです。

7．A：ここは大学の食堂ですか。

　　B：はい、そうです。

8．A：すみません、本屋はどこですか。

　　B：本屋ですか。本屋は食堂の前です。

　　A：ありがとうございます。

9．A：張さんはどこですか。

　　B：（張さんは）教室です。

会　話

（小周在商场选购智能手机）

この携帯電話はいくらですか

周　：すみません、この携帯電話はいくらですか。

店員：それは2 300元です。

第5課　これは私のパソコンです

周　　：そうですか。これは中国の携帯ですか。

店員：いいえ、韓国のです。

周　　：HUAWEIのスマートフォンはどれですか。

店員：HUAWEIのですか。これです。

周　　：いくらですか。

店員：2800元です。

周　　：じゃ、このHUAWEIのをください。

店員：はい、ありがとうございました。

短文

　ここは張さんの大学です。食堂は本屋の前です。食堂の隣の建物は学生寮です。張さんの部屋は寮の3階です。

　あの女の人は清水尚子さんです。清水さんは張さんの日本人の友達です。彼女は工業大学の留学生です。このパソコンは清水さんのです。あの中国語の本も清水さんのです。清水さんの教室は留学生センターの2階です。留学生センターは本屋の隣の建物です。

単 词

これ⓪	[代]	这，这个
それ⓪	[代]	那，那个
あれ⓪	[代]	那，那个
どれ①	[代]	哪个
この⓪	[连体]	这，这个
その⓪	[连体]	那，那个
あの⓪	[连体]	那，那个
どの①	[连体]	哪个
ここ⓪	[代]	这里，这儿
そこ⓪	[代]	那里，那儿
あそこ⓪	[代]	那里，那儿
どこ①	[代]	哪里，哪儿
パソコン⓪	[名]	个人电脑，个人计算机，微机
本（ほん）①	[名]	书
中国（ちゅうごく）①	[专]	中国
車（くるま）⓪	[名]	车，汽车

第5課　これは私のパソコンです

食堂（しょくどう）⓪	［名］	食堂
お菓子（おかし）②	［名］	点心，糕点，糖果
携帯電話（けいたいでんわ）⑤	［名］	手机
誰（だれ）①	［代］	谁
傘（かさ）①	［名］	伞
いくら①	［名］	多少钱
～円（えん）	［量］	日元
方（かた）②	［名］	（敬称）位，人
どなた①	［代］	哪位
すみません④	［寒暄］	请问，对不起
本屋（ほんや）①	［名］	书店
前（まえ）①	［名］	前面，前方，正面
ありがとう　ございます②+④	［寒暄］	谢谢，感谢
教室（きょうしつ）⓪	［名］	教室
店員（てんいん）⓪	［名］	店员
～元（げん）	［量］	（人民币）元
携帯（けいたい）⓪	［名］	"携帯電話（けいたいでんわ）"的简略说法

韓国（かんこく）①	[专]	韩国
HUAWEI（ファーウェイ）①	[专]	（手机品牌）华为
スマートフォン（smartphone）⑤	[名]	智能手机
じゃ①	[接]	那，那么
隣（となり）⓪	[名]	旁边，隔壁，邻居
建物（たてもの）②	[名]	大楼，建筑物，楼房
寮（りょう）①	[名]	宿舍
学生寮（がくせいりょう）③	[名]	学生宿舍
部屋（へや）②	[名]	房间
～階（～かい／がい）⓪	[量]	～楼，～层
3階（さんがい）⓪	[名]	三楼，三层
女（おんな）③	[名]	女人，女性，女的
人（ひと）⓪	[名]	人
尚子（なおこ）①	[专]	（人名）尚子
彼女（かのじょ）①	[代]	（第三人称）她；女朋友

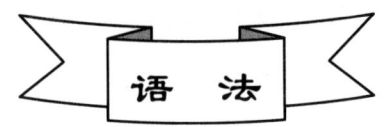

1. "こそあど" 系列词

日语中以"こ、そ、あ、ど"开头的表示指示的词，称为"こそあど"系列词。分别表示近称、中称、远称和不定称，根据说话人、听话人与所指事物的距离关系而区别使用。

		近称	中称	远称	不定称
代词	事 物	これ	それ	あれ	どれ
	场 所	ここ	そこ	あそこ	どこ
	场所·人	こちら	そちら	あちら	どちら
连体词		この	その	あの	どの
		こんな	そんな	あんな	どんな
副 词		こう	そう	ああ	どう

2. これ・それ・あれは～です

"これ・それ・あれ"是指示代词，用于指示事物，"です"前面接名词。该句型相当于汉语的"这是……""那是……"。

当说话人和听话人相隔一段距离谈话时，"これ"用于指示离说话人较近的事物，"それ"用于指示离听话人较近的事物，而"あれ"用于指示离说话人和听话人均较远的事物。

而当说话人与听话人处于同一位置谈话时，"これ"用于指示

离说话人和听话人双方均较近的事物，"それ"用于指示离说话人和听话人双方均较远的事物，而"あれ"用于指示离说话人和听话人双方都更远的事物。

其疑问词为"どれ"，用于询问是三个以上事物中的哪一个。

○ これは日本語(にほんご)の本(ほん)です。　　　（这是日语书。）

○ それは周(しゅう)さんのかばんです。　　（那个是小周的包。）

○ あれは清水(しみず)さんの携帯(けいたい)です。　　（那个是清水的手机。）

○ A：これは何(なん)ですか。　　　　　　（这是什么？）

　B1：（これは）お菓子(かし)です。　　　　（这是点心。）

　B2：（それは）お菓子(かし)です。　　　　（那是点心。）

○ A：それは何(なん)ですか。　　　　　　（那是什么？）

　B：（これは）お菓子(かし)です。　　　　（这是点心。）

○ A：李(り)さんの傘(かさ)はどれですか。　（小李的伞是哪一把？）

　B：（李(り)さんの傘(かさ)は）これです。　（（小李的伞）是这把。）

3．この・その・あの～は～です

"この・その・あの"是指示人或事物的连体词，修饰名词做定语，不能单独使用。使用时的位置关系与"これ・それ・あれ"相同。其疑问词"どの"也要放在名词前面，用于询问是三个以上事物中

的哪一个。

○ このパソコンは私(わたし)のではありません。

（这台电脑不是我的。）

○ その車(くるま)は中国(ちゅうごく)のですか。　　（那辆车是中国产的吗？）

○ あの人(ひと)はだれですか。　　（那边那个人是谁啊？）

○ A：周(しゅう)さんはどの人(ひと)ですか。　　（小周是哪个人呀？）

　　B：（周(しゅう)さんは）あの女(おんな)の人(ひと)です。　　（是那个女的。）

4．ここ・そこ・あそこは～です

"ここ・そこ・あそこ"是指示场所的代词，使用时的位置关系与"これ・それ・あれ"相同。"です"前面接指示场所或地点的名词。该句型相当于汉语的"这里是……""那里是……"。其疑问词为"どこ"。

指示场所和地点的代词还有"こちら・そちら・あちら"，是比"ここ・そこ・あそこ"更加礼貌的说法。其疑问词为"どちら"。

○ ここは本屋(ほんや)です。　　（这里是书店。）

○ そこは留学生(りゅうがくせい)センターです。　　（那里是留学生中心。）

○ あそこは食堂(しょくどう)です。　　（那边是食堂。）

○ こちらは教室(きょうしつ)です。　　（这里是教室。）

5．～はここ・そこ・あそこです

"は"前面接表示人、事物和场所等的名词，"です"前面既可以是"ここ・そこ・あそこ"或"こちら・そちら・あちら"这样的指示场所的代词，也可以是表示具体地点、场所的名词。该句型用来表示人或事物存在的地点。相当于汉语的"～在这里（那里）"。其疑问形式为"～はどこですか""～はどちらですか"，用于询问人、事物和场所等所处的地点，相当于汉语的"……在哪儿？"。

○ A：張_{ちょう}さんはどこですか。　　　　　（小张在哪儿？）
　　B：（張_{ちょう}さんは）教室_{きょうしつ}です。　　（（小张）在教室。）

○ A：張_{ちょう}さんの本_{ほん}はどこですか。　（小张你的书在哪儿？）
　　B：（私_{わたし}の本_{ほん}は）かばんの中_{なか}です。

　　　　　　　　　　　　　　　　　（（我的书）在包里。）

○ A：すみません、本屋_{ほんや}はどこですか。（请问书店在哪儿？）
　　B：本屋_{ほんや}はスーパーの隣_{となり}です。　（书店在超市旁边。）

○ A：すみません、食堂_{しょくどう}はどちらですか。

　　　　　　　　　　　　　　　　　（请问，食堂在哪儿？）
　　B：あちらです。　　　　　　　　　　　（在那边。）

6．の＜所有、内容等＞

两个名词性词语之间加格助词"の"，除了表示限定之外（第4课），还表示所有、内容和产地等。

　　○　これは私のかばんです。　　　　　（这是我的包。）

　　○　A：それは何の雑誌ですか。　　　（那是什么杂志？）

　　　　B：（これは）漫画の雑誌です。　（这是漫画杂志。）

　　　　A：これはどこの車ですか。　　　（这是哪儿的汽车？）

　　　　B：（これは）日本の車です。　　（这是日本车。）

另外，如果"の"后面的名词是前文出现过或根据场景已知的，在不影响意思表达的情况下往往省略。

　　○　A：これはだれの傘ですか。　　　（这是谁的伞？）

　　　　B：私のです。　　　　　　　　　（是我的。）

　　○　A：それは日本のスマホですか。

　　　　　　　　　　　　　　　　　（那是日本的智能手机吗？）

　　　　B：いいえ、日本のではありません。（不，不是日本的。）

　　○　A：この傘は千円で、あれは500円です。

　　　　　　　　　　　　　（这把伞一千日元，那把五百日元。）

B：じゃ、500円(ごひゃくえん)のをください。

（那请给我来那把五百日元的吧。）

7．～はいくらですか

该句型用于询问价格。日元的货币单位是"円(えん)"，人民币的货币单位是"元(げん)"。

○ A：これはいくらですか。　　　　　（这个多少钱？）
　B：1万円(いちまんえん)です。　　　　　　　　　（1万日元。）

○ A：このかばんはいくらですか。　（这个包多少钱？）
　B：１８０元(ひゃくはちじゅうげん)です。　　　　　　　（180元钱。）

词语与用法说明

1．本屋(ほんや)ですか

这里的"か"不表示疑问，而是通过重复对方说的话进行确认。

○ A：すみません、本屋(ほんや)はどこですか。（请问书店在哪儿？）
　B：本屋(ほんや)ですか。本屋(ほんや)は食堂(しょくどう)の前(まえ)です。

（书店呀，在食堂对面。）

　A：あ、ありがとうございます。　　　（啊，谢谢！）

○ A：李さんはどの人ですか。　　　　（小李是哪个人啊？）
　　　B：李さんですか。あの人です。（小李啊，就是那个人。）

2．～をください

用于购物或点餐等场合顾客对店员说的话。"请给我（来）……""我要……"。

　　○ コーヒーをください。　　　　　　（请给我来杯咖啡。）
　　○ この傘をください。　　　　　　　（我要这把伞。）

3．数字的读法

以下是10以上数字的读法。

11	じゅういち④	20	にじゅう①	200	にひゃく③	2000	にせん②
12	じゅうに③	30	さんじゅう①	300	さんびゃく①	3000	さんぜん③
13	じゅうさん①	40	よんじゅう①	400	よんひゃく①	4000	よんせん③
14	じゅうし③ じゅうよん③	50	ごじゅう②	500	ごひゃく③	5000	ごせん②
15	じゅうご①	60	ろくじゅう③	600	ろっぴゃく④	6000	ろくせん③
16	じゅうろく④	70	ななじゅう②	700	ななひゃく②	7000	ななせん③
17	じゅうしち④ じゅうなな③	80	はちじゅう③	800	はっぴゃく④	8000	はっせん③
18	じゅうはち④	90	きゅうじゅう①	900	きゅうひゃく①	9000	きゅうせん③
19	じゅうく① じゅうきゅう③	100	ひゃく②	1000	せん①	10000	いちまん③

注意：日语数字100和1 000中的1一般不读出来，只说"百"和"千"。

例如，150读作（ひゃくごじゅう），1100读作（せんひゃく）。另外，数字中间的"零"也不读出来，例如，208读作（にひゃくはち），2080读作（にせんはちじゅう）。

4．日元的说法

いち えん 1 円⓪	に えん 2 円⓪	さん えん 3 円⓪	よ えん 4 円①	ご えん 5 円①
ろく えん 6 円⓪	なな えん 7 円②	はち えん 8 円⓪	きゅうえん 9 円①	じゅう えん 10 円⓪
ひゃく えん 100 円⓪	せんえん 千円①	いちまんえん 1万円③	じゅうまんえん 10万円③	いくら①

5．楼层的说法

いっかい 1 階⓪	に かい 2 階⓪	さんかい さんがい 3 階・3 階⓪	よんかい 4 階⓪
ご かい 5 階⓪	ろっかい 6 階⓪	なな かい 7 階⓪	はち かい はっかい 8 階・8 階⓪
きゅうかい 9 階⓪	じゅっかい じっかい 10 階・10 階⓪	じゅういっかい １１階⓪	じゅうにかい １２階⓪
にじゅっかい ２０階②	なんがい 何階⓪		

练 习

一、替换练习。

1．例：本⇒A：それは李さんの本ですか。

B：はい、私のです。

第5課　これは私のパソコンです

① かばん　　　　　　　② 携帯
③ 傘　　　　　　　　　④ パソコン

2．例：お菓子⇒A：あれは何ですか。

　　　　　　　　B：お菓子です。

① 漫画の雑誌　　　　　② パソコン
③ スマホ　　　　　　　④ 英語の本

3．例：本・私⇒A：これはだれの本ですか。

　　　　　　　　B：私のです。

① かばん・周さん　　　② 携帯・山田さん
③ 傘・張さん　　　　　④ パソコン・清水さん

4．例：この本・私⇒ A：この本はだれのですか。

　　　　　　　　B：私のです。

① このかばん・私　　　② その携帯・周さん
③ あの傘・張さん　　　④ このパソコン・清水さん

5．例：本・日本語⇒A：それは何の本ですか。

　　　　　　　　B：日本語の本です。

① 雑誌・漫画　　　　　② 本・英語
③ 本・中国語　　　　　④ ＣＤ・歌

6．例：王さん・傘・あれ⇒A：王さんの傘はどれですか。

　　　　　　　　　　B：あれです。

　① 張さん・かばん・これ　　② 林さん・傘・それ

　③ 山田さん・携帯・あれ　　④ 周さん・パソコン・あれ

7．例：傘・李さん

　⇒A：この傘は李さんのですか。

　　B1：はい、それは私のです。

　　B2：いいえ、それは私のではありません。友達のです。

　① 英語の本・張さん　　② 漫画・李さん

　③ スマホ・山田さん　　④ パソコン・周さん

8．例：ここ・食堂⇒ここは食堂です。

　① ここ・教室　　　　② そこ・スーパー

　③ あそこ・本屋　　　④ あそこ・寮

9．食堂・あちら⇒A：すみません。食堂はどこですか。

　　　　　　　　　B：あちらです。

　　　　　　　　　A：ありがとうございます。

　① トイレ・そこ　　　　② スーパー・本屋の隣

　③ 本屋・あそこ　　　　④ 寮・食堂の前

10．山田さん・教室⇒A：山田さんはどこですか。

第5課　これは私のパソコンです

　　　　B：教室(きょうしつ)です。

① 張(ちょう)さん・教室(きょうしつ)　　② 李(り)さん・食堂(しょくどう)

③ 清水(しみず)さん・本屋(ほんや)　　④ 周(しゅう)さん・寮(りょう)

11. 例：車(くるま)・中国(ちゅうごく) ⇒ A：これはどこの車(くるま)ですか。

　　　　B：中国(ちゅうごく)の車(くるま)です。

① パソコン・中国(ちゅうごく)　　② 漫画(まんが)・日本(にほん)

③ コーヒー・韓国(かんこく)　　④ スマホ・中国(ちゅうごく)

12. 200円(にひゃくえん) ⇒ A：これはいくらですか。

　　　　B：200円(にひゃくえん)です。

① 104円(ひゃくよえん)　　② １８３６０円(いちまんはっせんさんびゃくろくじゅうえん)

③ ５０７円(ごひゃくななえん)　　④ ９０５０円(きゅうせんごじゅうえん)

13. コーヒー・３５０円(さんびゃくごじゅうえん)

⇒ A：すみません、コーヒーをください。

　B：はい、コーヒーですね。

　A：いくらですか。

　B：３５０円(さんびゃくごじゅうえん)です。

① 紅茶(こうちゃ)・１５０円(ひゃくごじゅうえん)　　② このお菓子(かし)・６３０円(ろっぴゃくさんじゅうえん)

③ 傘(かさ)・500円(ごひゃくえん)　　④ ノート・百円(ひゃくえん)

二、在（　）内填入适当的词语完成会话。

例：A：李さんは（　どこ　）ですか。

　　B：教室です。

1．A：あの方は（　　　）ですか。

　　B：林さんです。

2．A：日本語の教室は（　　　）ですか。

　　B：8階です。

3．A：張さんの日本語の本は（　　　）ですか。

　　B：これです。

4．A：この携帯は（　　　）のですか。

　　B：いいえ、山田さんのではありません。清水さんのです。

5．A：これは（　　　）の本ですか。

　　B：中国語の本です。

6．A：それは（　　　）の車ですか。

　　B：日本のです。

7．A：この傘は（　　　）ですか。

　　B：千円です。

8．A：山田さんは（　　　）人ですか。

　　B：あの人です。

三、在（ ）内填入适当的助词完成句子。

1．これ（　　　）日本語の本です。それ（　　　）日本語の本です。

2．食堂はスーパー（　　　）隣です。

3．このパソコンはアメリカ（　　　）ではありません。

4．周さんの寮はどこです（　　　）。

四、参照例句完成句子。

例：は・です・かばん・私・の・その

⇒そのかばんは私のです。

1．あれ・です・張さん・傘・の・は

2．は・です・パソコン・か・の・その・だれ

3．寮・です・食堂・の・は・前

4．です・か・この・いくら・は・CD

5．雑誌・これ・です・は・何・か・の

6．は・どこ・トイレ・か・です

7．かばん・か・あなた・は・どれ・の・です

五、汉译日。

1．这部手机多少钱？

2．超市在食堂旁边。

3．这辆车是国产的。

4．A：那是什么书啊？

　　B：漫画书。

5．A：这把伞是你的吗？

　　B：不，不是我的。

　　A：你的伞是哪个？

　　B：是这个。

补充单词

かばん⓪	[名]	包，公文包
そちら⓪	[代]	那儿，那边
あちら⓪	[代]	那儿，那边
どちら①	[代]	哪儿，哪边
中（なか）①	[名]	里面，内部，中间
スーパー①	[名]	超市

第5課　これは私のパソコンです

雑誌（ざっし）⓪	［名］	杂志
漫画（まんが）⓪	［名］	漫画
日本（にほん）②	［専］	日本
スマホ②	［名］	（"スマートフォン"的缩略语）智能手机
～万（まん）	［量］	～万
コーヒー③	［名］	咖啡
ＣＤ（シーディー）③	［名］	光盘，ＣＤ
歌（うた）②	［名］	歌曲
トイレ①	［名］	厕所，卫生间
紅茶（こうちゃ）⓪	［名］	红茶
ノート①	［名］	笔记本
アメリカ⓪	［専］	美国
8階（はちかい・はっかい）⓪	［名］	八楼，八层

知识窗

日本近现代年号和公历对照表

<ruby>明治<rt>めいじ</rt></ruby><ruby>元年<rt>がんねん</rt></ruby>　　　　　1868 年

<ruby>大正<rt>たいしょう</rt></ruby><ruby>元年<rt>がんねん</rt></ruby>　　　　　1912 年

<ruby>昭和<rt>しょうわ</rt></ruby><ruby>元年<rt>がんねん</rt></ruby>　　　　　1926 年

<ruby>平成<rt>へいせい</rt></ruby><ruby>元年<rt>がんねん</rt></ruby>　　　　　1989 年

<ruby>令和<rt>れいわ</rt></ruby><ruby>元年<rt>がんねん</rt></ruby>　　　　　2019 年

第6課　今日は木曜日です

基本句型

1. 今3時です。
2. 今日は木曜日です。
3. 今日は8月8日ですか、9日ですか。
4. 土曜日と日曜日は休みです。
4. 昨日は休みでした。
5. 会社は午前9時から午後5時半までです。
6. どれが山田さんの本ですか。

例句

1. A：すみません。今、何時ですか。
   B：今、5時10分です。

2. A：今日は日曜日ですか、月曜日ですか。
   B：日曜日です。

3．A：今年の春節はいつですか。

　　B：2月16日です。

4．A：休みは何曜日ですか。

　　B：土曜日と日曜日です。

5．A：夏休みはいつからいつまでですか。

　　B：7月20日から9月1日までです。

6．A：昨日図書館は休みでしたか。

　　B：いいえ、休みではありませんでした。図書館の休みは月曜日です。

7．A：どの傘があなたのですか。

　　B：この傘です。（これです。）

8．A：林さんの携帯の番号は何番ですか。

　　B：168-4321-8765です。

9．A：周さんはおいくつですか。

　　B：二十歳です。

第6課　今日は木曜日です

（山田与留学生中心工作人员林泉的谈话。）

授業は何時から何時までですか

山田：あのう、すみません。

林　：はい、何ですか。山田さん。

山田：中国語初級コースは何曜日から何曜日までですか。

林　：月曜日から金曜日までです。

山田：そうですか。土曜日と日曜日は休みですね。

林　：ええ、そうです。

山田：午前中の授業は何時からですか。

林　：8時からです。

山田：何時までですか。

林　：１１時４５分までです。

山田：どの教室が初級コースの教室ですか。

林　：２１３号室です。

山田：あのう、この事務室の電話番号は何番ですか。

林：０４５１-８６４１-２１１４です。

山田：８６４１-２１１４ですね。ありがとうございました。

林：いいえ。

ここは留学生センターです。山田さんは中国語初級コースの学生です。中国語の授業は月曜日から金曜日まで、毎日4時間です。土曜日と日曜日は休みです。

昨日は9月２７日、木曜日で、山田さんの誕生日でした。山田さんは２５歳です。

来週の月曜日から国慶節の大型連休です。１０月１日から７日まで、大学は休みです。

単 詞

今日（きょう）①	[名]	今天
木曜日（もくようび）③	[名]	星期四
今（いま）①	[名]	現在

第 6 課　今日は木曜日です

～時（じ）	[量]	～点，～点钟
～月（がつ）	[量]	～月（份）
～日（にち）	[量]	～日，～天
～曜日（ようび）	[量]	星期～
土曜日（どようび）②	[名]	星期六
日曜日（にちようび）③	[名]	星期天
休み（やすみ）⓪	[名]	休息日，放假
昨日（きのう）②⓪	[名]	昨天
会社（かいしゃ）⓪	[名]	公司
午前（ごぜん）①	[名]	上午
午後（ごご）①	[名]	下午
～半（はん）	[接尾]	半点（钟），半小时
何時（なんじ）①	[名]	几点
～分（ふん・ぷん）	[量]	～分，～分钟
月曜日（げつようび）③	[名]	星期一
今年（ことし）⓪	[名]	今年
春節（しゅんせつ）⓪	[名]	春节

何曜日（なんようび）③	[名]	星期几
夏休み（なつやすみ）③	[名]	暑假
いつ①	[代]	什么时候，何时
図書館（としょかん）②	[名]	图书馆
番号（ばんごう）③	[名]	号码
何番（なんばん）①	[名]	几号，多少号
おいくつ⓪	[名]	多大年龄，几岁
授業（じゅぎょう）①	[名]	上课，讲课
あのう⓪	[感]	嗯，请问，对不起
初級コース（しょきゅうコース）④	[专]	初级课程
中国語初級コース（ちゅうごくごしょきゅうコース）	[专]	初级汉语课程
金曜日（きんようび）③	[名]	星期五
ええ①	[感]	嗯，是的
～中（ちゅう・じゅう）⓪	[接尾]	在～期间，全，整个
～号室（ごうしつ）	[接尾]	～号房间
事務室（じむしつ）②	[名]	办公室

電話番号（でんわばんごう）④ ［名］ 电话号码

毎日（まいにち）① ［名］ 每天

～時間（じかん） ［量］ ～小时，～钟头

誕生日（たんじょうび）③ ［名］ 生日

～歳（さい） ［量］ （表年龄）～岁

来週（らいしゅう）⓪ ［名］ 下周

国慶節（こっけいせつ）③ ［名］ 国庆节

大型連休（おおがたれんきゅう）⑤ ［名］ 长假

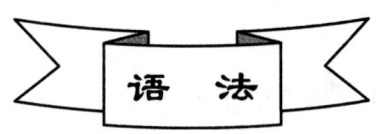

1. 今～時～分です

该句型用于表示现在的时间。相当于汉语的"现在是～点～分"。另外，差几分几点日语一般说成"～時～分前"。几点过了几分日语说成"～時～分過ぎ"。

○ 今7時半です。　　　　　　　　　（现在是7点半。）

○ 今4時２０分です。　　　　　　　　　（现在是4点20分。）

○ A：今何時ですか。　　　　　　　　　（现在几点？）

　B1：5時5分前です。（差5分钟5点）或（4点55分。）

　B2：5時8分過ぎです。　　　　　　　（5点过了8分。）

○ 東京は今午後9時です。　　　　　　　（东京现在是晚上9点。）

○ 北京は今午前8時です。　　　　　　　（北京现在是早上8点。）

2．～ですか、～ですか〈选择〉

该句型为选择疑问句，询问是几个并列的疑问句中的哪一个。回答时不用"はい"或"いいえ"。

　　○ A：今日は金曜日ですか、木曜日ですか。

（今天是周五还是周四啊？）

　　　B：金曜日です。　　　　　　　　　（是周五。）

　　○ A：これは1ですか、7ですか。　　（这是1还是7啊？）

　　　B：7です。　　　　　　　　　　　（是7。）

　　○ A：周さんは二年生ですか、三年生ですか。

（小周是二年级学生还是三年级学生？）

　　　B：二年生です。　　　　　　　　　（是二年级学生。）

3．と〈并列〉

助词"と"，接在两个名词之间表示并列。相当于汉语的"……

和……"。

○ 休_{やす}みは土曜日_{どようび}と日曜日_{にちようび}です。　　　（周六和周日休息。）

○ 日本語_{にほんご}の本_{ほん}はこれとあれです。（日语书是这本和那本。）

○ 張_{ちょう}さんと周_{しゅう}さんは学生_{がくせい}で、林_{りん}さんは職員_{しょくいん}です。

（小张和小周是学生，小林是职员。）

4．～は～でした

表示判断的助动词"です"和其否定形式"ではありません"用于表示现在和未来的肯定与否定。当表示过去的肯定与否定时，要把"です"变成"でした"，"ではありません"变成"ではありませんでした"。

	现在、将来	过去
肯定	です	でした
否定	ではありません	ではありませんでした

○ 今日_{きょう}は国慶節_{こっけいせつ}です。　　　　　　（今天是国庆节。）

○ あしたは友達_{ともだち}の誕生日_{たんじょうび}です。　（明天是我朋友的生日。）

○ 昨日_{きのう}は月曜日_{げつようび}でした。　　　　　　（昨天是星期一。）

○ 昨日_{きのう}は9月6日_{くがつむいか}でした。　　　　　（昨天是9月6号。）

○ A：先週_{せんしゅう}の会議_{かいぎ}は何曜日_{なんようび}でしたか。

（上周的会议是星期几开的？）

　　　　　　Ｂ：木曜日でした。　　　　　（星期四。）

○ Ａ：昨日は休みでしたか。　　　　（昨天休息了吗？）

　　Ｂ1：はい、（昨日は）休みでした。

　　　　　　　　　　　　　　　　（是，（昨天）休息了。）

　　Ｂ2：いいえ、（昨日は）休みではありませんでした。

　　　　　　　　　　　　　　　　（不，（昨天）没休息。）

5．～は～から～までです

　　助词"から"和"まで"接在表示时间的名词之后分别表示时间的起点和终点。相当于汉语的"从……到……"。

○ 会議は午後2時から3時半までです。

　　　　　　　　　　　　　　（会议从下午2点开到3点半。）

○ スーパーは朝7時から夜9時までです。

　　　　　　　　　　　　　　（超市早7点到晚9点开门。）

○ Ａ：大学の図書館は何時から何時までですか。

　　　　　　　　　　　　　（大学图书馆几点开门几点关门？）

　　Ｂ：朝8時から夜10時までです。

　　　　　　　　　　　　　　（早上8点到晚上10点。）

○ Ａ：銀行は何時からですか。　　（银行几点开门？）

第6課　今日は木曜日です

B：8時半からです。　　　　　　　　（8点半开门。）

A：何時までですか。　　　　　　　　（几点关门？）

B：4時半までです。　　　　　　　　（下午4点半。）

6．だれ・どれ・どこ・どの～が～ですか

　　判断句中，当疑问词做主语时，助词不用"は"而用"が"来表示。另外，一般问句中用"が"，答句中也要用"が"。

○ A：どれがあなたの傘ですか。　　　（哪个是你的伞？）

　 B：これが私の（傘）です。　　　（这个是我的伞。）

○ A：どこが食堂ですか。　　　　　　（哪儿是食堂？）

　 B：スーパーの隣の建物です。　　（超市旁边那个楼就是。）

○ A：どのかばんが張さんのですか。

　　　　　　　　　　　　　　　　　（哪个包是小张的啊？）

　 B1：このかばんが張さんのです。　（这个包是小张的。）

　 B2：このかばんです。　　　　　　　　（这个是。）

○ A：だれが山田さんですか。　　　　（谁是山田啊？）

　 B1：あの人が山田さんです。　　　（那个人就是山田。）

　 B2：あの人です。　　　　　　　　（那个人就是。）

词语与用法说明

1．电话号码以及房间号的说法

在说电话号码时，为了能让对方听得清楚，一般在停顿处加"の"。单音节的词还会拉长一拍读作长音。例如，0451-8641-2114读作"ゼロよんご－いちの、はちろくよんいちの、に－いちいちよん"，此处"ご"和"に"一般发长音。

○ A：山田(やまだ)さんの携帯番号(けいたいばんごう)は何番(なんばん)ですか。

B：（私(わたし)の携帯番号(けいたいばんごう)は）１６８(いちろくはち)の３０６７(さんゼロろくなな)の９８４２(きゅうはちよんに)です。

（我的手机号是16830679842。）

A：１６８(いちろくはち)の３０６７(さんゼロろくなな)の９８４２(きゅうはちよんに)ですね。ありがとうございました。　（16830679842是吗？好的，谢谢！）

○ 図書館(としょかん)の電話番号(でんわばんごう)は２１７９(にいちななきゅう)の８５３２(はちごさんに)です。

（图书馆的电话号码是21798532。）

房间号既可以跟电话号码一样，如328说成"さんにはち"，也可以按照数字的读法说成"さんびゃくにじゅうはち"。另外，在说房间号码时，"0"可以读作"まる"，也可以读作"ゼロ"。疑问词为"何号室(なんごうしつ)"。

○ 3　4号室・508号室・10　3　5号室
（さんじゅうよん ごうしつ・ごひゃくはち ごうしつ・せんさんじゅうご ごうしつ）

○ 650号室・508号室・1035号室
（ろくぜロ ごうしつ・ごまるはち ごうしつ・いちまるさんご ごうしつ）

○ A：張さんの部屋は何号室ですか。

（小张你的房间是多少号？）

　B：601号室です。　　　　　　　　（601房间。）

2．あのう

向对方搭话时，先说"あのう"来引起对方的注意。有迟疑的语气。根据场合可以翻译成"嗯，对不起，请问"等。

○ A：あのう、すみません。食堂はどこですか。

（请问，食堂在哪儿？）

　B：食堂ですか。あの建物です。　（食堂啊，是那个楼。）

　A：ありがとうございます。　　　　　　（谢谢！）

○ A：あのう、銀行は何時からですか。

（请问，银行几点开门？）

　B：9時からです。　　　　　　　　（9点开门。）

3．～中

"中（ちゅう・じゅう）"接在表示时间的名词之后，表示在前面所说的期间之内。接在"午前・今週・今月"等词语后读"ちゅう"，如"午前中・今週中・今月中"。接在"今日、明日、今年"后读作"じゅう"，如"今日中・明日中・今年中"。

4．ええ

用于肯定的回答，是"はい"的较为随意的说法。

○ A：あしたは休みですね。　　　（明天是休息日吧？）

　B：ええ、そうです。　　　　　　　（是的。）

5．いいえ

受到别人的感谢时，回答"いいえ"表示"不谢，不客气"。是"いいえ、どういたしまして（不客气，不谢）"的简略形式。

○ A：ありがとうございました。　　　（谢谢！）

　B1：いいえ、どういたしまして。

　　　　　　　　　　　　　　（哪里，哪里，不客气。）

　B2：いいえ。　　　　　　　　　　（不用谢！）

6．有关时间的表达方式

(1) 时、分、小时、月份

下表是日语里表示几点、几分、几小时和几月份的说法。

第6課　今日は木曜日です

	～時（点）	～分（分）	～時間（小时）	～月（月）
1	いちじ 1時②	いっぷん 1分①	いちじかん 1時間③	いちがつ 1月④
2	にじ 2時①	にふん 2分①	にじかん 2時間②	にがつ 2月③
3	さんじ 3時①	さんぷん 3分①	さんじかん 3時間③	さんがつ 3月①
4	よじ 4時①	よんぷん 4分①	よじかん 4時間②	しがつ 4月③
5	ごじ 5時①	ごふん 5分①	ごじかん 5時間①	ごがつ 5月①
6	ろくじ 6時②	ろっぷん 6分①	ろくじかん 6時間③	ろくがつ 6月④
7	しちじ 7時②	ななふん 7分②	しちじかん 7時間③	しちがつ 7月④
8	はちじ 8時②	はっぷん 8分① はちふん 8分②	はちじかん 8時間③	はちがつ 8月④
9	くじ 9時①	きゅうふん 9分①	くじかん 9時間②	くがつ 9月①
10	じゅうじ 10時①	じゅっぷん 10分① じっぷん 10分①	じゅうじかん 10時間③	じゅうがつ 10月④
11	じゅういちじ １１時④	じゅういっぷん １１分③	じゅういちじかん １１時間⑤	じゅういちがつ １１月⑥
12	じゅうにじ １２時③	じゅうにふん １２分③	じゅうにじかん １２時間④	じゅうにがつ １２月⑤
几	なんじ 何時①	なんぷん 何分①	なんじかん 何時間③	なんがつ 何月①

注意：日语的"３０分さんじゅっぷん"，也可以说成"半はん"。如："5時３０分ごじさんじゅっぷん"可说成"5時半ごじはん"。

（2）日期

日语日期的读法，1号到10号（1日ついたち～10日とおか）和20号（20日はつか）是训读，14号（１４日じゅうよっか）和24号（２４日にじゅうよっか）是

音训混读，其余为音读。

ついたち 1日⓪	じゅういちにち 11日⑥	にじゅういちにち 21日①-④
ふつか 2日⓪	じゅうににち 12日⑤	にじゅうににち 22日①-⓪
みっか 3日⓪	じゅうさんにち 13日③	にじゅうよっか 24日①-⓪
よっか 4日⓪	じゅうよっか 14日①-⓪	さんじゅうにち 30日③
いつか 5日⓪	じゅうごにち 15日①-①	さんじゅういちにち 31日①-④
むいか 6日⓪	じゅうろくにち 16日⑥	なんにち 何日①
なのか 7日⓪	じゅうしちにち 17日⑥	
ようか 8日⓪	じゅうはちにち 18日⑥	
ここのか 9日⓪	じゅうくにち 19日①-①	
とおか 10日⓪	はつか 20日⓪	

○ A：山田さんの誕生日はいつですか。

（山田，你的生日是什么时候？）

B：6月25日です。　　　　　　　　（6月25号。）

○ A：今日は何月何日ですか。　　　（今天是几月几号？）

B：今日は4月10日です。　　　　　（4月10号。）

（3）星期

日语的星期称为"曜日"。一周七天的说法如下表：

第6課　今日は木曜日です

星期一	月曜日③ げつようび	星期五	金曜日③ きんようび
星期二	火曜日② かようび	星期六	土曜日② どようび
星期三	水曜日③ すいようび	星期天	日曜日③ にちようび
星期四	木曜日③ もくようび	星期几	何曜日③ なんようび

○ A：今日は何曜日ですか。　　　　　　（今天是星期几？）

　　B：日曜日です。　　　　　　　　　　（星期天。）

○ A：昨日は何曜日でしたか。　　　　　　（昨天是星期几？）

　　B：火曜日でした。　　　　　　　　　（是周二。）

7．年龄的表达方式

1歳① いっさい	2歳① にさい	3歳① さんさい	4歳① よんさい	5歳① ごさい
6歳② ろくさい	7歳② ななさい	8歳① はっさい	9歳① きゅうさい	10歳① じゅっさい
11歳③ じゅういっさい	18歳③ じゅうはっさい	20歳① はたち 20歳② にじゅっさい	25歳 にじゅうごさい ①-①	何歳① なんさい いくつ①

○ A：清水さんはおいくつですか。　　　　（清水你多大了？）

　　B：25歳です。　　　　　　　　　　（25岁了。）

○ A：周さんは何歳ですか。　　　　　　　（小周你多大？）

　　B：二十歳です。　　　　　　　　　　（我二十岁。）

一、替換練習。

1. 例：6時⇒A：すみません、今何時ですか。

   B：6時です。

   ① 4時半
   ② 10時20分
   ③ 8時半
   ④ 9時45分

2. 例：日曜日⇒A：今日は何曜日ですか。

   B：日曜日です。

   ① 木曜日
   ② 金曜日
   ③ 月曜日
   ④ 土曜日

3. 例：3月3日⇒A：佐藤さんの誕生日はいつですか。

   B：3月3日です。

   ① 1月18日
   ② 9月7日
   ③ 11月20日
   ④ 6月14日

第6課　今日は木曜日です

4．例：昨日・土曜日

　⇒A：昨日は土曜日でしたか。

　　B1：はい、昨日は土曜日でした。

　　B2：いいえ、昨日は土曜日ではありませんでした。

　① 昨日・6月30日

　② おととい・休み

　③ 昨日・月曜日

　④ 先週の土曜日・李さんの誕生日

5．例：会議・10時～11時

　⇒A：あのう、会議は何時から何時までですか。

　　B：10時から11時までです。

　① 会社・8時～5時

　② 中国語の授業・8時～11時45分

　③ 映画・3時半～5時10分

　④ 昼休み・12時～1時半

6．例：銀行・8時半～4時

　⇒A：あのう、すみません。銀行は何時からですか。

　　B：午前8時半からです。

A：何時（なんじ）までですか。

B：午後（ごご）4時（よじ）までです。

① 本屋（ほんや）・8時半（はちじはん）～5時（ごじ）

② 大学（だいがく）・8時半（はちじはん）～4時半（よじはん）

③ 図書館（としょかん）・7時（しちじ）～10時（じゅうじ）

④ スーパー・7時（しちじ）～9時（くじ）

7．例：周（しゅう）さん・二年生（にねんせい）・三年生（さんねんせい）

⇒A：周（しゅう）さんは二年生（にねんせい）ですか、三年生（さんねんせい）ですか。

B：二年生（にねんせい）です。

① 林（りん）さん・中国人（ちゅうごくじん）・韓国人（かんこくじん）

② 清水（しみず）さん・会社員（かいしゃいん）・学生（がくせい）

③ 今日（きょう）は・木曜日（もくようび）・金曜日（きんようび）

④ 山田（やまだ）さんの誕生日（たんじょうび）・今日（きょう）・あした

8．例：どの傘（かさ）・李（り）さんの・これ⇒A：どの傘（かさ）が李（り）さんのですか。

B：これです。

① どのノート・あなたの

② どこ・本屋（ほんや）

③ どれ・佐藤さんのかばん

④ どこ・張さんたちの寮

9．例：周さん・20歳⇒A：周さんはおいくつですか。

　　　　　　　　　B：20歳です。

① 林さん・２７歳　　　② 張さん・２１歳

③ 清水さん・２４歳　　④ 山田さん・２５歳

10．例：大学・０４５１－８６４１－２１１４

⇒A：大学の電話番号は何番ですか。

　　　B：０４５１の８６４１の２１１４です。

① 事務室・２４５６－７９８０

② 銀行・５０９１－２６４８

③ 先生・１６８－０４８２－２７５５

④ 周さん・１７０－１２９８－３７６４

二、在（　）内填入适当的词语完成会话。

例：A：今日は（　何月　）（　何日　）ですか。

　　B：９月１日です。

1. A：冬休みは（　　）からですか。

   B：1月14日からです。

2. A：10月7日は（　　）ですか。

   B：金曜日です。

3. A：昨日は（　　）でしたか。

   B：いいえ、休みではありませんでした。

4. A：会社は（　　）から（　　）までですか。

   B：午前8時から午後5時までです。

5. A：事務室の電話番号は（　　）ですか。

   B：8641-2114です。

6. A：山田さんは（　　）ですか。

   B：25歳です。

7. A：初級コースの教室は（　　）ですか。

   B：328号室です。

三、在（　　）内填入适当的助词完成句子。

例：A：あの人（　は　）だれですか。

   B：張さんです。

1. 清水さんのかばん（　　）どれですか。

2．どれ（　）清水さんのかばんですか。

3．清水さん（　）山田さんは工業大学の留学生です。

4．これは漫画（　）雑誌です。

5．先週（　）土曜日は友達の誕生日でした。

6．ここは教室です（　）、会議室ですか。

7．A：あのう、すみません。林さんはどこですか。

　　B：林さんです（　）。隣の部屋です。

8．A：ここの電話番号は何番ですか。

　　B：8628-2114です。

　　A：8628-2114です（　）。ありがとうござい

　　ました。

9．この部屋（　）初級コースの教室です。隣の部屋（　）

　　初級コースの教室です。

四、汉译日。

1．A：请问现在几点了？

　　B：9点50分。

2．A：今天是星期四还是星期五？

　　B：星期五。

3．超市的营业时间是早7点到晚9点。

4．昨天是小李的生日。

5．小张和小周是日语专业的学生。

6．A：哪把伞是老师的？

　　B：那把是老师的。

补充单词

東京（とうきょう）⓪	[专]	东京
北京（ペキン）①	[专]	北京
あした③	[名]	明天
先週（せんしゅう）⓪	[名]	上周，上个星期
会議（かいぎ）①	[名]	会议
朝（あさ）①	[名]	早上，早晨
夜（よる）①	[名]	晚上，夜晚
銀行（ぎんこう）⓪	[名]	银行
携帯番号（けいたいばんごう）⑤	[名]	手机号码
今週（こんしゅう）⓪	[名]	本周，这周，这星期

第6課　今日は木曜日です

今月（こんげつ）⓪	［名］	本月，当月
どういたしまして①	［寒暄］	哪里话，岂敢
何月（なんがつ）①	［名］	几月
何日（なんにち）①	［名］	几日，几号
何歳（なんさい）①	［名］	几岁
佐藤（さとう）①	［专］	（姓）佐藤
おととい③	［名］	前天
映画（えいが）①⓪	［名］	电影
昼休み（ひるやすみ）③	［名］	午休
冬休み（ふゆやすみ）③	［名］	寒假
会議室（かいぎしつ）③	［名］	会议室

知识窗

日本人的姓氏

日本是世界上姓氏（名字<ruby>みょうじ</ruby>）最多的国家之一，据说数量达十几万，而且由于日本人姓氏的读音复杂，就连日本人也常常不知读法。因此，在日本，填写个人信息时，均要求填写人标记姓名的读音（振り仮名<ruby>ふ　がな</ruby>）。

日本人的姓氏排行前十位的依次为"佐藤（さとう）""铃木（すずき）""高桥（たかはし）""田中（たなか）""渡辺（わたなべ）""伊藤（いとう）""山本（やまもと）""中村（なかむら）""小林（こばやし）""加藤（かとう）"。

另外，日本人结婚后，通常妻子要随丈夫的姓，即夫妇同姓。

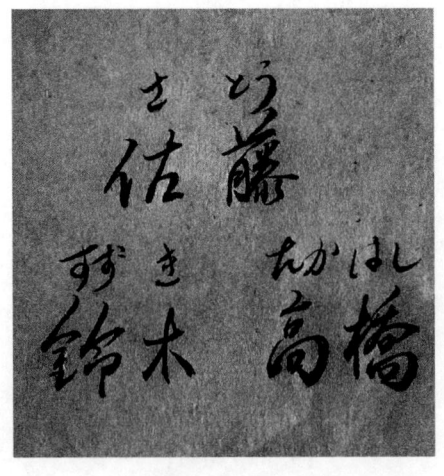

第7課　図書館はどこにありますか

基本句型

> 1. 留学生の教室は2階にあります。
> 2. 先生は教室にいません。
> 3. 大学には留学生がたくさんいます。
> 4. 図書館には日本語の本はありません。
> 5. 大学に図書館や留学生寮などがあります。
> 6. 向こうの高い建物は図書館です。

例句

1. A：図書館はどこにありますか。

   B：(図書館は)食堂の向こうにあります。

2. A：部屋に何がありますか。

   B：机や椅子や電話などがあります。

3．A：図書館に（は）日本語の本がありますか。

　　B：いいえ、（日本語の本は）ありません。

4．A：清水さんは寮にいますか。

　　B：いいえ、（清水さんは寮に）いません。

5．A：教室に学生がいますか。

　　B：はい、います。

6．A：体育館はどの建物ですか。

　　B：あの赤い建物です。

会　話

（林泉在向山田介绍校园情况。）

ここは食堂です

林　：じゃ、これから学校を案内します。

山田：よろしくお願いします。

林　：ここは食堂です。向こうの高い建物は図書館です。

山田：図書館には日本語の本がありますか。

第7課　図書館はどこにありますか

林　：日本語の本はありません。英語の本はあります。

山田：そうですか。それは残念ですね。林さん、留学生の教室はどこにありますか。

林　：留学生の教室ですか。図書館の隣に青い屋根の建物がありますね。あそこの2階にあります。

山田：教室には今留学生がいますか。

林　：はい。清水さんがいます。

山田：先生もいますか。

林　：先生は教室にいません。研究室にいます。

短文

大学に図書館や留学生寮などがあります。図書館には中国語の本と英語の本はありますが、日本語の本はありません。留学生寮にはテレビのほかに、冷蔵庫やパソコンなどがあります。

大学に留学生がたくさんいます。留学生の教室は図書館の隣にあります。今は昼休みですが、清水さんは留学生寮にいません。教室にいます。彼女はとても勉強熱心な人です。

単 词

あります	[自Ⅰ]	（事物等）有，在
います	[自Ⅰ]	（人，动物）有，在
たくさん⓪	[副]	很多，许多
留学生寮（りゅうがくせいりょう）⑤	[名]	留学生宿舍
向こう（むこう）②	[名]	对面；前面
高い（たかい）②	[イ形]	高（的）；贵（的）
何（なに）①	[代]	什么
机（つくえ）⓪	[名]	桌子，书桌
椅子（いす）②	[名]	椅子
電話（でんわ）⓪	[名]	电话
体育館（たいいくかん）④	[名]	体育馆
赤い（あかい）⓪	[イ形]	红，红色
これから④	[名・副]	从现在开始；今后；下面
学校（がっこう）⓪	[名]	学校
案内します（あんないします）⑥	[他Ⅲ]	引导；带路

第7課　図書館はどこにありますか

残念（ざんねん）③	［ナ形］	遗憾；可惜；懊悔
青い（あおい）②	［イ形］	蓝色（的）
屋根（やね）①	［名］	屋顶，房顶
研究室（けんきゅうしつ）③	［名］	研究室
テレビ①	［名］	电视，电视机
冷蔵庫（れいぞうこ）③	［名］	冰箱
とても⓪	［副］	很，非常
勉強（べんきょう）⓪	［名・他Ⅲ］	学习
熱心（ねっしん）①	［ナ形］	热心，热情

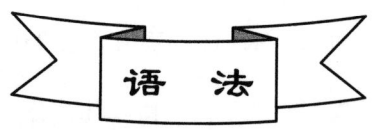

语　法

1．～は～にあります／います＜存在＞

这是存在句式，表示"（某人或某物）在（某处）"。"は"接于名词后，提示存在的事物。"に"是格助词，接于场所名词后，表示事物存在的场所。当存在主体为人或动物时，用动词"います"；当存在主体为物体时，用动词"あります"。

○ 李さんは教室にいます。　　　　　　　（小李在教室。）

○ 私の部屋は3階にあります。　　　　　（我的房间在三楼。）

○ 郵便局は銀行の隣にあります。　　　　（邮局在银行隔壁。）

○ A：本屋はどこにありますか。　　　　（书店在哪儿？）

　　B：スーパーの向こうにあります。　　（在超市对面。）

2．～は～にありません／いません＜存在＞

"～は～にありません／いません"是存在句"～は～にあります／います"的否定形式，相当于汉语的"（某人或某物）不在（某处）"。

○ 田中さんは寮にいません。　　　　　　（田中不在宿舍。）

○ 日本語の本は机の上にありません。かばんの中にあります。

　　　　　　　　　　　　　　　（日语书不在桌上，在书包里。）

○ A：張さんはいま図書館にいますか。

　　　　　　　　　　　　　　　（小张现在在图书馆吗？）

　　B：いいえ、張さんは図書館にいません。寮にいます。

　　　　　　　　　　　　　　（不，小张现在没在图书馆，在宿舍。）

3．～に（は）～があります／います＜存在＞

　　这也是表示存在的句型，表示"（某处）有（某人或某物）"。"に"表示事物存在的场所，有时用"には"来加以强调。"が"是格助词，表示存在的主体（当表示"也有……"时，可以用"も"代替"が"）。

○ 部屋にお客さんがいます。　　　　（房间里有客人。）
○ 隣の家に犬がいます。　　　　　　（邻居家有狗。）
○ 学校の前に郵便局があります。　　（学校前面有邮局。）
○ A：机の上に何がありますか。　　（桌子上面有什么？）
　 B：電話があります。　　　　　　（有电话。）

4．～には～はありません／いません＜存在＞

　　"～には～はありません／いません"是存在句"～には～があります／います"的否定形式，相当于汉语的"（某处）没有（某人或某物）"。

○ 寮にはテレビはありません。　　　（宿舍里没有电视。）
○ 大学には日本人の留学生はいません。

　　　　　　　　　　　　　　　　　（学校没有日本留学生。）

○ 学校の近くにはスーパーはありません。

（学校附近没有超市。）

5．～や～など＜列挙＞

"や"是并列助词，用于列举两个或两个以上的事物，表示不完全列举，暗示除了列举的事物之外还有其他同类事物的存在。"など"是副助词，接在名词后面表示概括其他未提及的事物，相当于"等等，诸如此类"。"や"常和"など"呼应使用，"など"也可以省略。

○ 机の上にノートや本などがあります。

（桌子上有笔记本和书等。）

○ 庭には犬や猫や鳥などがいます。（院子里有狗、猫、鸟等。）

○ スーパーには野菜や果物、飲み物などがあります。

（超市里有蔬菜、水果、饮料等。）

○ かばんの中にはお菓子や携帯電話などがあります。

（包里面有点心、手机等。）

6．形容词的分类

形容词是表示性质、状态的词，是有词形变化的。其词形变化只限于词尾部分，不发生变化的部分叫"词干"，发生变化的部分

叫"词尾"。根据日语形容词变化形式的不同，可分为"イ形容词"（也称"形容词"）和"ナ形容词"（也称"形容动词"）。"イ形容词"都以"い"结尾，如"高い""赤い"；"ナ形容词"以"だ"结尾，但辞典和教材的单词表上一般不写词尾，例如"熱心"是词干，词尾则是"だ"。

　　例：いい、新しい、おいしい　　　　　（イ形容词）
　　　　立派だ、きれいだ、静かだ　　　　（ナ形容词）

7．イ形容词基本形＋名词

イ形容词的基本形（即原形）可直接修饰名词。

○ 新しい建物　　　　　　　　　　　　（新房子）

○ いい（良い）天気　　　　　　　　　（好天气）

○ 暖かい部屋　　　　　　　　　　　　（温暖的房间）

○ おいしい料理　　　　　　　　　　　（好吃的饭菜）

○ あの高い建物は図書館です。

　　　　　　　　　　　　（那个很高的建筑是图书馆。）

※ イ形容词和名词之间不能加"の"，"楽しいの一日"　×。

8．ナ形容词词干＋な＋名词

这是ナ形容词修饰名词时的形式。

○ 静かな町　　　　　　　　　　　（安静的城市）

○ 立派な建物　　　　　　　　　　（雄伟的建筑物）

○ きれいな部屋　　　　　　　　　（干净的房间）

○ 工業大学は有名な大学です。

　　　　　　　　　　（工业大学是一所有名的大学。）

词语与用法说明

1．じゃ、これから学校を案内します

"じゃ"是"では"的口语形式，表示进入正题，也表示在某种情况下展开话题，可以翻译成"那么"。此句汉语意思为"现在我带你去学校转转"。

2．図書館には中国語の本と英語の本はありますが、日本語の本はありません

本句中"が"为接续助词，接在两个分句之间，表示逆态接续。

相当于汉语的"虽然……，但是……""……可是……"。当前后两项为对比关系时，经常用提示助词"は"来加以强调。

○ 寮にはテレビはありますが、冷蔵庫はありません。

（寝室里有电视，但没有冰箱。）

○ 日曜日は家にいますが、土曜日はいません。

（星期天在家，星期六不在。）

3．それは残念ですね

本句意思为"那可太遗憾了！"，"ね"使用降调。

终助词"ね"接在句末，表示感叹，也可以表示向对方确认自己说话的内容或征得对方的赞同。

○ 今日はいい天気ですね。（今天天气真好啊！）

4．～のほかに

"～のほかに"接在名词后面，表示"除……以外"。

○ 図書館には中国語の本のほかに、英語の本もあります。

（图书馆里除了汉语书，还有英语书。）

○ 私のほかに、3人います。（除了我之外还有三个人。）

5．彼女はとても勉強熱心な人です

"勉強熱心"是一种类似于复合词的用法，相当于"勉強に熱心だ"，汉语意思为"学习用功"。类似的表现还有"仕事熱心"（工作认真）。

一、替换练习。

1．例：電話・机の上⇒A：電話はどこにありますか。
　　　　　　　　　　　　B：電話は机の上にあります。
　　① 郵便局・銀行の隣　　　② 新聞・テレビの上
　　③ ノート・かばんの中　　④ 携帯電話・ここ

2．例：先生・研究室⇒先生は研究室にいます。
　　① 周さん・寮　　　　　　② 張さん・図書館
　　③ 猫・いすの下　　　　　④ 学生・教室

3．例：机の上・本⇒A：机の上に何がありますか。
　　　　　　　　　　　　B：（机の上に）本があります。

① かばんの中・ノート　　② 机の上・英語の辞書

③ 冷蔵庫の中・果物　　④ 教室・パソコン

4．例：部屋・李さん⇒A：部屋にだれがいますか。
　　　　　　　　　　B：（部屋に）李さんがいます。

① 向こうの部屋・留学生の山田さん

② 寮・田中さん

③ 研究室・佐藤先生

④ 事務室・林さん

5．例：部屋・テレビ・机

⇒A：部屋に何がありますか。

　B：（部屋に）テレビや机などがあります。

① 研究室・パソコン・本

② 学校の近く・銀行・郵便局

③ この町・学校・病院

④ 本屋・英語の本・日本語の本

6．例：図書館・赤い・建物⇒図書館は赤い建物です。

① これ・おもしろい・本　　② 今日・楽しい・一日

③ それ・新しい・辞書　　④ 張さん・優しい・人

7．例：図書館・立派・建物⇒図書館は立派な建物です。

① 東京・にぎやか・町

② あの大学・有名・大学

③ 李さん・熱心・人

④ 彼女・きれい・方

8．例：清水さん・寮

⇒A：清水さんは寮にいますか。

B1：はい、（清水さんは）寮にいます。

B2：いいえ、（清水さんは）寮にいません。

① 田中さん・会社　　② 二年生・体育館

③ 張さん・会議室　　④ 王さん・食堂

二、在括号内填入适当的助词完成句子。

1．王さんはこの部屋（　　）いません。

2．教室（　　）机（　　）いすがあります。

3．冷蔵庫（　　）野菜（　　）果物（　　）（　　）があります。

4．教室には学生（　　）いますが、先生（　　）いません。

5．A：清水さんは今どこ（　）いますか。

　　B：清水さんです（　）。2階（　）事務室にいますよ。

三、参照例句完成句子。

例：体育館はあの_____建物です。（赤い）

⇒体育館はあの赤い建物です。

1．田中さんは_____人です。（きれい）

2．佐藤先生は_____先生です。（優しい）

3．あの映画は_____映画です。（おもしろい）

4．京都は_____町です。（静か）

5．あの先生は仕事_____人です。（熱心）

四、汉译日。

1．超市前面有一家书店。

2．房间里有桌子、椅子、电脑等。

3．小王没在宿舍，在图书馆。

4．林老师是个很和蔼的人。

5．那栋很气派的大楼是图书馆。

6．A：宿舍里有电冰箱吗？

　　B：没有。

补充単词

郵便局（ゆうびんきょく）③	[名]	邮局
田中（たなか）⓪	[专]	（姓）田中
上（うえ）⓪	[名]	上，上面
お客さん（おきゃくさん）⓪	[名]	客人
家（いえ）②	[名]	房屋；家，家庭
犬（いぬ）②	[名]	狗
近く（ちかく）②	[名]	附近
庭（にわ）⓪	[名]	庭院，院子
猫（ねこ）①	[名]	猫
鳥（とり）⓪	[名]	鸟
野菜（やさい）⓪	[名]	蔬菜
果物（くだもの）②	[名]	水果
飲み物（のみもの）②	[名]	饮料
新しい（あたらしい）④	[イ形]	新（的）；新鲜
いい①	[イ形]	好（的），良好；可以
天気（てんき）①	[名]	天气；好天气

第7課　図書館はどこにありますか

～人（～にん）	［量］	～人
3人（さんにん）③	［名］	三个人
暖かい（あたたかい）④	［イ形］	温暖，暖和
おいしい③	［イ形］	好吃，味美
料理（りょうり）①	［名］	菜肴，饭菜
立派（りっぱ）⓪	［ナ形］	雄伟；优秀，出色
きれい①	［ナ形］	干净，整洁；漂亮
静か（しずか）①	［ナ形］	安静；平静；文静
町（まち）②	［名］	城市，城镇；街道
病院（びょういん）⓪	［名］	医院
有名（ゆうめい）⓪	［ナ形］	有名，著名，闻名
仕事（しごと）⓪	［名］	工作；职业
新聞（しんぶん）⓪	［名］	报纸
下（した）⓪	［名］	下，下面
辞書（じしょ）①	［名］	词典
おもしろい④	［イ形］	有趣，有意思
楽しい（たのしい）③	［イ形］	快乐，愉快
一日（いちにち）④	［名］	一天；整天

優しい（やさしい）⓪	［イ形］	亲切，和蔼；温柔；优雅
にぎやか②	［ナ形］	热闹，繁华；喧闹
京都（きょうと）①	［专］	京都

知识窗

日本人的饮食

　　日本人的饮食丰富多彩，花样品种繁多。日本料理制作精致、美观、有营养，餐具也十分讲究，不仅重视味觉，而且很重视视觉享受，充分体现了烹饪美学。其特点是季节感强、清淡、食材新鲜。传统的日本家常饭一般是主食米饭（ご飯_{はん}）和一汤三菜（一汁三菜_{いちじゅうさんさい}）。具有代表性的日本菜有生鱼片（刺身_{さしみ}）、寿司（寿司_{すし}）、天麸罗（天ぷら_{てん}）、酱汤（味噌汁_{みそしる}）、日式火锅（すき焼き_や）等。

其他常见的菜肴：

　　咸菜（漬物_{つけもの}）　　炖菜（煮物_{にもの}）　　烤鱼（焼き魚_{やざかな}）
　　关东煮（おでん）　　手卷寿司（お握り_{にぎ}）
　　荞麦面（蕎麦_{そば}）　　拉面（ラーメン）　　乌冬面（うどん）

第8課　山田さんの部屋はきれいです

基本句型

1. 山田さんの部屋はきれいです。
2. 張さんの部屋も狭いです。
3. 食堂の料理は安くておいしいです。
4. 張さんは静かで便利なところが好きです。
5. 張さんの寮は研究室に近くありません。
6. 張さんは今の寮が好きではありません。

例句

1. A：この本はおもしろいですか。

   B：ええ、おもしろいです。
2. A：図書館はどの建物ですか。

   B：あの立派な建物です。
3. A：京都はどんな町ですか。

   B：古くて、静かな町です。

4．A：山田さんの寮は食堂に近いですか。

　　B：いいえ、食堂に近くありません。遠いです。

5．A：東京は好きですか。

　　B：そうですね。京都は好きですが、東京はあまり好き

　　　　ではありません。

会　話

（张洋到山田的宿舍拜访。）

きれいなお部屋ですね

山田：どうぞ、お入りください。

張　：お邪魔します。きれいなお部屋ですね。

山田：ありがとうございます。ちょっと狭いですけど。張

　　　さんの部屋も狭いですか。

張　：ええ、工業大学の寮はみんな同じです。

山田：そうですか。張さんの寮は研究室に近いですか。

張　：いいえ、研究室に近くありません。スーパーに近いです。

山田：じゃ、にぎやかですね。

張　：ええ。でも、あまり好きではありません。私は静かで便利なところが好きです。

山田：大学の食堂の料理はどうですか。

張　：安くておいしいです。

山田：それはいいですね。

短文

留学生寮は高くて、新しいです。山田さんの部屋はその3階にあります。留学生の教室に近くて、とても便利です。

山田さんは東京の出身です。東京は日本の首都で、とても大きい都市です。人が多くて、いつもにぎやかです。

しかし、山田さんは東京があまり好きではありません。京都が好きです。京都は古い町で、有名なお寺がたくさんあります。景色も美しくて、外国人にも大人気です。

第8課　山田さんの部屋はきれいです

単　词

狭い（せまい）②	［イ形］	窄（的）；狭小（的）
安い（やすい）②	［イ形］	便宜（的）
便利（べんり）①	［ナ形］	方便（的）；便利（的）
ところ③	［名］	场所，地点
好き（すき）②	［ナ形］	喜欢；爱好
近い（ちかい）②	［イ形］	（空间）近；（时间）短
どんな①	［连体］	什么样的，怎样的
古い（ふるい）②	［イ形］	旧（的）；古老（的）
遠い（とおい）⓪	［イ形］	远（的）；疏远
あまり⓪	［名·副］	（与接否定）不太，不怎么
どうぞ①	［副］	请
お入りください（おはいりください）	［短语］	请进
お邪魔します（おじゃまします）	［寒暄］	打扰了
お～	［接头］	（表示尊敬或礼貌）

ちょっと①	[副]	一点儿，稍微；一会儿
みんな⓪	[副]	都，全部
同じ（おなじ）⓪	[名・ナ形・副]	相同；一样
でも①	[接]	不过，可是
どう①	[副]	如何；怎样
出身（しゅっしん）⓪	[名]	籍贯；出身
首都（しゅと）①	[名]	首都
大きい（おおきい）③	[イ形]	大（的），高大
都市（とし）①	[名]	都市；城市
多い（おおい）①	[イ形]	多
いつも①	[副]	经常；总是
しかし②	[接]	但是，可是，然而
お寺（おてら）⓪	[名]	寺庙
景色（けしき）①	[名]	景色，风景
美しい（うつくしい）④	[イ形]	美丽，漂亮
外国人（がいこくじん）④	[名]	外国人
大人気（だいにんき）③	[名]	非常受欢迎

1. イ形容词谓语句

以形容词做谓语的句子称为"形容词谓语句",形容词谓语句的形式是"名词＋は／が＋イ形容词基本形＋です"。在日语中,以形容词作谓语的句子也被称为描写句,描写句的特点主要是描写事物的性质或状态。

○ 中国は広いです。　　　　　　　　（中国很大。）

○ 日本語は難しいです。　　　　　　（日语很难。）

○ 天気がとてもいいです。　　　　　（天气很好。）

2. ナ形容词谓语句

ナ形容词谓语句的形式是"名词＋は／が＋ナ形容词词干＋です"。

○ 図書館は静かです。　　　　　　　（图书馆很安静。）

○ 東京はとてもにぎやかですね。　　（东京真繁华啊！）

○ このお寺はとても有名です。　　　（这座寺庙很有名。）

3．イ形容词词干＋くて

イ形容词的词干加"くて"，用于两个或两个以上形容词并列时，也可连接两个句子，表示并列、对比等意思。

例：高い　　→　高くて

　　暖かい　→　暖かくて

　　美しい　→　美しくて

　　難しい　→　難しくて

　　おいしい　→　おいしくて

　　安い　　→　安くて

　　広い　　→　広くて

　※　いい　→　よくて

○ この部屋は広くて暖かいです。（这个房间又宽敞又暖和。）

○ その店の料理は安くておいしいです。

　　　　　　　　　　　　（那家店的饭菜便宜又好吃。）

○ 寮は教室に近くて便利です。（宿舍离教室近，很方便。）

○ この部屋は狭くて、あの部屋は広いです。

　　　　　　　　　　　　（这个房间小，那个房间大。）

4．ナ形容詞词干＋で

ナ形容詞的词干加 "で" 用于两个或两个以上形容词并列时，根据内容表示并列、中顿、因果等意思。

例：静かだ　　　→　　静かで
　　にぎやかだ　→　　にぎやかで
　　得意だ　　　→　　得意で
　　きれいだ　　→　　きれいで
　　上手だ　　　→　　上手で
　　好きだ　　　→　　好きで
　　有名だ　　　→　　有名で
　　立派だ　　　→　　立派で

○ ここは静かで、とても便利です。

（这里很安静，也很方便。）

○ ここはきれいで、有名な町です。

（这是一座美丽且著名的城市。）

○ 公園はにぎやかで、たくさんの人がいます。

（公园里很热闹，有很多人。）

5．イ形容詞词干＋くないです／くありません

这是イ形容詞做谓语时的敬体否定形式。

例：暑い → 暑いです → 暑くないです → 暑くありません
　　広い → 広いです → 広くないです → 広くありません
　　多い → 多いです → 多くないです → 多くありません
　※いい → いいです → よくないです → よくありません

○ あの映画はおもしろくありません。（那部电影没意思。）
○ 午後は忙しくないです。　　　　　（下午不忙。）
○ A：会社の食堂は安いですか。　　（公司食堂便宜吗？）
　 B：いいえ、安くありません。　　（不，不便宜。）

6．ナ形容词词干＋ではありません

这是ナ形容词做谓语时的敬体否定形式。

例：にぎやか → にぎやかです → にぎやかではありません

　　きれい　 → きれいです　 → きれいではありません
　　得意　　 → 得意です　　 → 得意ではありません
　　上手　　 → 上手です　　 → 上手ではありません

○ 私たちのアパートは遠くて便利ではありません。

　　　　　　　（我们现在住的公寓远，而且不方便。）
○ この辺りは静かではありません。

　　　　　　　　　　　　　　　　（这一带不安静。）

7．あまり～（否定）

副词"あまり"经常与否定的谓语形式相呼应，表示程度不高，相当于汉语的"不太……""不怎么……"。

○ 私の部屋はあまりきれいではありません。

（我的房间不太整洁。）

○ 李さんの成績はあまりよくないです。（小李成绩不太好。）

○ 日本料理はあまり好きではありません。

（我不太爱吃日本菜。）

8．が＜対象语＞

"が"在句子中除了表示主语之外，还可以表示希望、好恶、巧拙、难易、能力等的对象语。常以句型"～は～が～"的形式出现。

○ 私は刺身が嫌いです。　　　　　（我讨厌生鱼片。）

○ 外国人はみんな京都が好きです。

（外国人都非常喜欢京都。）

○ 私は料理が得意です。　　　　　（我擅长做菜。）

○ 私は歌が下手です。　　　　　　（我歌儿唱得不好。）

词语与用法说明

1．張さんの部屋は研究室に近くありません

在表示距离的远近时，用"～に近いです"表示距离某个目的地近，用"～から遠いです"表示距离某个地点比较远。

2．きれいなお部屋ですね

此句意思是"您的房间真整洁啊"。"お"是接头词，与另一接头词"ご"主要接在名词前，可表示尊敬，如"お誕生日""おいくつ""ご出身"；"お天気""お菓子"等则表示礼貌之意。

3．どうぞ、お入りください

"どうぞ"表示请求，相当于汉语的"请……"。"お入りください"是动词"入る"的敬语表达形式。这句话的意思是"请进"。

4．お邪魔します

用于要打扰对方或要进入对方的房间时，意思是"打扰了"。本课是后一种情况。

5．ちょっと狭いですけど

"けど"是接续助词"けれども"的口语形式，与接续助词"が"用法相似。本句以"けど"结句，省略了后半部分，以一种欲言又止的委婉语气说明情况。此用法在口语中比较常见。

6．工業大学の寮はみんな同じです

"同じ"虽然属于ナ形容词词性，但修饰名词时却不同于其他ナ形容词。如汉语的"同一个班级"译为"同じクラス"，而不说"同じなクラス"。注意与其他ナ形容词的区别。

7．外国人にも大人気です

此句意思是"外国人也非常喜欢"。

一、替换练习。

1．例：この部屋・新しい⇒この部屋は新しいです。

　① 京都・美しい　　　　② この部屋・暖かい

　③ あの建物・高い　　　④ あの映画・おもしろい

2．例：この辺り・静か⇒この辺りはとても静かです。

① あの大学・有名　　　② 歌・上手

③ 京都の景色・きれい　④ お寺の建物・立派

3．例：留学生寮・新しい・古い

⇒A：留学生寮は新しいですか。

B：いいえ、新しくないです。古いです。

① あなたのアパート・近い・遠い

② 家の中・暑い・寒い

③ 研究室・広い・狭い

④ 食堂の料理・高い・安い

4．例：日本料理・好き⇒日本料理は好きではありません。

① この問題・簡単　　② 刺身・嫌い

③ 英語・得意　　　　④ この都市・便利

5．例：今日・寒い⇒今日は寒くありません。

① この近くの景色・美しい　② 東京・小さい

③ この携帯・安い　　　　　④ この家・いい

6．例：日本語・難しい⇒日本語はあまり難しくないです。

① 今のアパート・便利　② 仕事・忙しい

③ 日本・広い　　　　　　④ にぎやかな町・好き

7．例：この部屋・広い・暖かい⇒<u>この部屋は広くて暖かいです。</u>

① この建物・新しい・立派　② このお寺・古い・有名

③ この家・古い・小さい　　④ 教室・暖かい・きれい

8．例：ここ・静か・便利⇒<u>ここは静かで便利です。</u>

① 李さん・きれい・優しい　　② 歌・下手・嫌い

③ この本・簡単・おもしろい　④ 日本語・好き・上手

二、在括号内填入适当的假名完成句子。

1．王さん（　　）部屋はとてもきれいです。

2．外国人はみんな京都（　　）好きです。

3．林さんの家は駅（　　）近いですか。

4．この教室（　　）とても暖かいです。あの教室（　　）暖かいですか。

5．張さんはハルビン（　　）出身です。

6．食堂の料理は安く（　　）おいしいです。

7．張さんは静か（　　）便利（　　）ところが好きです。

三、参照例句完成句子。

例：冬は＿＿＿＿です。（寒い）⇒冬は＿寒い＿です。

1．この教室はとても＿＿＿＿です。（暖かい）

2．李さんの家は＿＿＿＿　＿＿＿＿です。（近い・便利）

3．大学の食堂はあまり＿＿＿＿＿＿。（高い）

4．学校の近くはあまり＿＿＿＿＿＿。（にぎやか）

5．図書館は＿＿＿＿＿＿、＿＿＿＿＿＿です。（静か・きれい）

四、汉译日。

1．哈尔滨冬天很冷。

2．这个房间真大啊！

3．食堂的菜不太好吃。

4．我的房间很小，不太整洁。

5．京都是座美丽而又安静的城市。

6．图书室很安静也很明亮。

7．我是北京人，但却不怎么喜欢那里。

第8課　山田さんの部屋はきれいです

補充単語

広い（ひろい）②	［イ形］	宽敞，宽广；广泛
難しい（むずかしい）④	［イ形］	难，难办；麻烦，复杂
店（みせ）②	［名］	商店，店铺
得意（とくい）②⓪	［ナ形］	拿手，擅长
上手（じょうず）③	［ナ形］	（某种技能）高明，（技术）好
下手（へた）②	［ナ形］	不高明，笨拙
クラス①	［名］	班，班级
公園（こうえん）⓪	［名］	公园
暑い（あつい）②	［イ形］	热，烫
忙しい（いそがしい）④	［イ形］	忙，忙碌
アパート②	［名］	公共住宅，公寓
～たち	［接尾］	（人的复数）们
私たち（わたしたち）	［代］	我们
辺り（あたり）①	［名］	附近，一带
成績（せいせき）⓪	［名］	成绩，成果
日本料理（にほんりょうり）④	［名］	日本料理

刺身（さしみ）⓪	［名］	刺身，生鱼片
嫌い（きらい）⓪	［ナ形］	讨厌，厌恶
問題（もんだい）⓪	［名］	问题；考题
簡単（かんたん）⓪	［ナ形］	简单，简略
寒い（さむい）②	［イ形］	冷，寒冷
小さい（ちいさい）③	［イ形］	小，小（的）
駅（えき）①	［名］	车站
ハルビン①	［专］	哈尔滨
冬（ふゆ）②	［名］	冬天，冬季

知识窗

日本主要的节假日

1月1日　　　　　　お正月（新年）
1月第二个星期一　　成人の日（成人节）
2月11日　　　　　 建国記念の日（建国纪念日）
3月3日　　　　　　雛祭り（女儿节）
5月5日　　　　　　子供の日（端午の節句）（男孩节）
7月15日　　　　　 お盆（盂兰盆节）
10月第二个星期一　 体育の日（体育节）
11月3日　　　　　 文化の日（文化节）
11月15日　　　　　七五三（为3岁和5岁的男孩儿以及3岁和7岁的女孩儿祈祷平安健康的节日）
12月31日　　　　　大晦日（除夕）

第9課　昨日は寒かったです

基本句型

1. 昨日は寒かったです。
2. 暖房がありますから、少しも寒くありません。
3. この間の試験は大変でした。
4. 会話の試験はあまり難しくなかったです。
5. ヒアリングの試験も簡単ではありませんでした。

例句

1. A：先週の旅行はどうでしたか。

   B：楽しかったです。

2. A：会話の試験は難しかったですか。

   B：いいえ、あまり難しくありませんでした。

3. A：日本語の先生は優しかったですか。

   B：いいえ、優しくなかったです。とても厳しかったです。

4．A：昨日は大丈夫でしたか。顔色が悪かったですよ。

　　B：ええ、風邪でいろいろ大変でした。

5．A：張さんは好き嫌いが少ないですね。

　　B：ええ、今はそうですが、子供の時、野菜が

　　　あまり好きではありませんでした。

会　話

（山田与日语系学生周丽的谈话。）

試験は難しかったです

周　：今日はいいお天気ですね。

山田：そうですね、本当にいい天気ですね。昨日は寒かった

　　　ですけど。

周　：寮は大丈夫ですか。寒くないですか。

山田：ええ、暖房がありますから、少しも寒くありません。

周　：それはいいですね。

山田：周さん、この間の試験はどうでしたか。

周　：難しくて、大変でした。

山田：何が一番難しかったですか。

周　：ヒアリングの問題が一番難しかったです。

山田：そうですか。会話の試験も難しかったですか。

周　：いいえ、会話の試験はあまり難しくなかったです。簡単でした。

山田：それはよかったですね。

周　：山田さんの試験はもう終わりましたか。

山田：いいえ、まだです。あしたからです。

周　：じゃ、頑張ってくださいね。

山田：はい、頑張ります。

短文

日本語の先生はみんな仕事熱心で、優しい人です。二年生の会話の先生は女性で、性格はとても明るいです。授業の時、いつも笑顔で、教え方も上手です。日本語学科の学生たちはみんな先生のことが好きです。

第9課　昨日は寒かったです

周さんは日本語の勉強が大好きです。しかし、成績はあまりよくないです。この間の試験も点数が悪くて、大変でした。会話の試験はあまり難しくありませんでしたが、ヒアリングの試験は難しかったです。

単　词

暖房（だんぼう）⓪	［名］	暖气；供热
少しも（すこしも）⓪②④	［副］	一点儿也（不）…
この間（このあいだ）⓪	［名］	前些天，不久前
試験（しけん）②	［名］	考试
大変（たいへん）⓪	［名・ナ形・副］	厉害，不得了；辛苦，不好受；很，非常
会話（かいわ）⓪	［名］	会话
ヒアリング⓪	［名］	听力
旅行（りょこう）⓪	［名］	旅行
厳しい（きびしい）③	［イ形］	严厉，严格
大丈夫（だいじょうぶ）③	［ナ形］	不要紧，没关系
顔色（かおいろ）⓪	［名］	脸色

悪い（わるい）②	［イ形］	坏，不好；恶劣，有害
風邪（かぜ）⓪	［名］	感冒，伤风
色々（いろいろ）⓪	［名・副・ナ形］	各种各样
好き嫌い（すききらい）②③	［名］	好恶；挑剔
少ない（すくない）③	［イ形］	少
子供（こども）⓪	［名］	小孩，儿童
時（とき）②	［名］	时，时候
本当に（ほんとうに）⓪	［副］	非常
一番（いちばん）⓪	［副］	最；第一
もう⓪①	［副］	已经；再，还
終わりました（おわりました）④	［自Ⅰ］	完了，结束
まだ①	［副］	尚，还；仍旧
頑張ってください（がんばってください）	［短语］	请努力，请加油
頑張ります（がんばります）	［自Ⅰ］	努力，加油

第9課　昨日は寒かったです

女性（じょせい）⓪	[名]	女性
性格（せいかく）⓪	[名]	性格
明るい（あかるい）③⓪	[イ形]	（光线）明亮；（性格）开朗
笑顔（えがお）①	[名]	笑脸
教え方（おしえかた）⓪	[名]	授课方式
こと②	[名]	（形式名词）事情
大好き（だいすき）①	[ナ形]	很喜欢
点数（てんすう）③	[名]	分数，得分

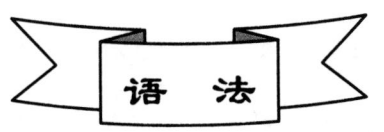

语　法

1．イ形容词词干＋かったです

这是イ形容词过去时的敬体肯定形式。描写句过去时表示该形容词所指示的性质、状态的存在是在过去，即说话人说出该句子之前。

例：高い　　→ 高いです　　→ 高かったです

　　暑い　　→ 暑いです　　→ 暑かったです

　　難しい　→ 難しいです　→ 難しかったです

おいしい → おいしいです → おいしかったです

※ いい→いいです→よかったです

○ 晩ご飯はおいしかったですね。　　　（晚饭真好吃啊！）

○ 昨日のパーティーはとても楽しかったです。

（昨天的晚会让人很开心。）

○ 去年の夏は暑かったですね。　　（去年夏天可真热啊！）

2．ナ形容词词干＋でした

这是ナ形容词过去时的敬体肯定形式。

例：静か　→　静かです　→　静かでした

きれい　→　きれいです　→　きれいでした

好き　→　好きです　→　好きでした

○ 昨日の試験は簡単でした。　　　（昨天的考试很简单。）

○ この辺りはとてもにぎやかでした。

（这一带以前很繁华。）

○ 李さんは肉や魚が嫌いでした。

（小李以前不喜欢吃肉啊、鱼啊。）

3．イ形容詞詞干＋くなかったです

这是イ形容词过去时的敬体否定形式。也可以说成"イ形容词词干＋くありませんでした"。

例：安い→安いです　　→安くないです　　→安くなかったです
　　　　　　　　　　　→安くありません　→安くありませんでした

　　遠い→遠いです　　→遠くないです　　→遠くなかったです
　　　　　　　　　　　→遠くありません　→遠くありませんでした

　　美しい→美しいです　→美しくないです　→美しくなかったです
　　　　　　　　　　　→美しくありません→美しくありませんでした

　　暖かい→暖かいです　→暖かくないです　→暖かくなかったです
　　　　　　　　　　　→暖かくありません→暖かくありませんでした

　※ いい→いいです　　→よくないです　　→よくなかったです
　　　　　　　　　　　→よくありません　→よくありませんでした

〇 日本語の試験はあまり難しくなかったです。

（日语考试不太难。）

〇 野菜はあまり高くありませんでした。

（蔬菜以前不太贵。）

〇 このパソコンは安くなかったです。

（这台电脑买的时候可不便宜。）

4．ナ形容词词干＋ではありませんでした

这是ナ形容词过去时的敬体否定形式。

例：簡単→簡単です　→簡単ではありません
　　　　　　　　　　→簡単ではありませんでした

　　　上手→上手です　→上手ではありません
　　　　　　　　　　　→上手ではありませんでした

　　　便利→便利です　→便利ではありません
　　　　　　　　　　　→便利ではありませんでした

○ 子供の時、野菜が好きではありませんでした。

（小时候不爱吃蔬菜。）

○ 前のアパートは駅から遠くて、便利ではありませんでした。

（以前住的公寓离车站远，不方便。）

○ 学校の近くはあまりにぎやかではありませんでした。

（学校附近以前不太繁华。）

5．から＜原因、理由＞

本句中"から"为接续助词，连接两个分句，表示原因和理由。相当于汉语的"因为……，所以……"。

○ 暖房がありますから、少しも寒くありません。

（有暖气，所以一点也不冷。）

○ 今日は日曜日ですから、休みです。

（因为今天是星期天，所以休息。）

○ 今は夏休みですから、教室に学生はいません。

（因为在放暑假，所以教室里没有学生。）

词语与用法说明

1. 風邪で、いろいろ大変でした

助词"で"接名词后表示原因，本句意思是"（由于）感冒，很难受。"

○ きのう、病気で休みました。　　（昨天因病休息了。）
○ 最近、仕事でとても忙しいです。（最近因工作的关系很忙。）

2. それはよかったですね

本句并非描述过去的状态，而是一种感叹，表示为事情向好的方向发展或有好的结果而高兴，意思为"那太好了！"。

3. "じゃ、頑張ってくださいね。"
　　"ええ、頑張ります。"

终助词"ね"在这里有叮嘱之意。此句意思为"那你可要加油啦！""嗯，我会努力的！"

4．先生のことが好きです

此处的"こと"是形式名词，形式名词是普通名词词义虚化的结果，在句子中主要表示语法意义，没有实际意义，通常不译。本句中的"こと"是表示与某事物相关的事项，其作用是模糊前面词语含意范围，使表达更委婉。

练　习

一、替换练习。

1．例：寒い⇒昨日は寒かったです。

　　① 楽しい　② 暑い　③ 忙しい　④ 涼しい

2．例：寒い⇒昨日は寒くなかったです。

　　① 楽しい　② 暑い　③ 忙しい　④ 涼しい

3．例：静か⇒前のアパートはとても静かでした。

　　① きれい　② にぎやか　③ 便利　④ おしゃれ

4．例：静か

⇒前のアパートはあまり静かではありませんでした。

　　① きれい　② にぎやか　③ 便利　④ おしゃれ

第9課　昨日は寒かったです

5．例：試験・難しい⇒A：試験はどうでしたか。

　　　　　　　　B：難しかったです。

　①　あの映画・おもしろい　　②　旅行・楽しい

　③　そのレストラン・おいしい　④　向こうの天気・いい

6．例：昨日・寒い⇒A：昨日は寒かったですか。

　　　　　　　　B1：いいえ、寒くなかったです。

　　　　　　　　B2：いいえ、寒くありませんでした。

　①　先週・忙しい　　　　　②　パーティー・楽しい

　③　このパソコン・高い　　④　去年の冬・暖かい

7．例：研究室・静か

　⇒A：研究室は静かでしたか。

　　　B：いいえ、静かではありませんでした。

　①　海・きれい　　　　　　②　学園祭・にぎやか

　③　日曜日・暇　　　　　　④　宿題・簡単

二、仿照例子完成下列表格。

悪い	悪いです	①悪くないです ②悪くありません	悪かったです	①悪くなかったです ②悪くありませんでした
静か	静かです	静かではありません	静かでした	静かではありませんでした
厳しい				
安い				
遠い				
古い				
いい				
きれい				
熱心				
簡単				
大変				

三、在括号内填入适当的助词完成句子。

1. 昨日（　）（　）雪で、寒かったです。
2. 会話（　）あまり難しくなかったですが、ヒアリングの問題（　）とても難しかったです。
3. 李さん（　）料理（　）上手です。
4. バス（　）中はとてもにぎやかでした。
5. 会話（　）ヒアリングの試験は難しかったです。

6．王さんは日本の漫画（　　）歌など（　　）好きです。

7．宿題はあまり多くないです（　　）（　　）、暇です。

四、参照例句完成句子。

例：このパソコンは高かったですか。（安い）

⇒ いいえ、高くなかったです。安かったです。

1．昨日の天気はよかったですか。（悪い）

⇒いいえ、_____。

2．去年の日本語の先生は厳しかったですか。（優しい）

⇒いいえ、_____。

3．この間の試験は大変でしたか。（簡単）

⇒いいえ、_____。

4．高校の時、野球が好きでしたか。（嫌い）

⇒いいえ、_____。

五、汉译日。

1．昨天考试成绩不太好，很丢脸。

2．语法考试不太难，听力考试也很简单。

3．A：昨天的电影怎么样？

　　B：没什么意思。

4．昨天的聚会又热闹又开心。

5．高中的时候，家离学校很近，很方便。

6．因为日语会话课很有意思，所以同学们都喜欢上。

补充单词

晩ご飯（ばんごはん）③	［名］	晚饭
パーティー①	［名］	派对，聚会
去年（きょねん）①	［名］	去年
夏（なつ）②	［名］	夏天
肉（にく）⓪	［名］	肉
魚（さかな）⓪	［名］	鱼，鱼肉
病気（びょうき）⓪	［名］	病，疾病
休みました（やすみました）	［他自Ⅰ］	休息
最近（さいきん）⓪	［名・副］	最近
涼しい（すずしい）③	［イ形］	凉快；清爽
おしゃれ②	［名・ナ形］	打扮；好打扮（的人）
レストラン①	［名］	西餐馆
海（うみ）①	［名］	海，海洋
学園祭（がくえんさい）③	［名］	校园文化节
暇（ひま）⓪	［名・ナ形］	闲暇，空闲

第9課　昨日は寒かったです

宿題（しゅくだい）⓪	［名］	课外作业
雪（ゆき）②	［名］	雪
バス①	［名］	公共汽车，巴士
高校（こうこう）⓪	［名］	高中
野球（やきゅう）⓪	［名］	棒球

知识窗

日本的寺庙和神社

日本是个多宗教国家，有神道教、佛教、基督教三个大的宗教和许多小宗教。日本人可以同时信仰多种宗教。寺院（お寺）属佛教信仰，神社（神社）则属神道信仰，供奉雷神、五谷丰登之神、水神等。佛寺建筑包括殿、塔和门三个主要部分。神社最典型的标志物就是"鸟居（鳥居）"。"鸟居"是一种木制的门形牌坊，造型很简练，在神道里那是神界和人界的划分之门，走过鸟居，就是进入了神界。

附录

서론

附录1

单词表

Ⅰ会话、短文、句型及例句单词　Ⅱ语法及练习单词

	课次		课次
あ		**い**	
ああ	4-Ⅰ	いい	7-Ⅱ
あおい［青い］	7-Ⅰ	いいえ	4-Ⅰ
あかい［赤い］	7-Ⅰ	いえ［家］	7-Ⅱ
あかるい［明るい］	9-Ⅰ	いくら	5-Ⅰ
あさ［朝］	6-Ⅱ	いす［椅子］	7-Ⅱ
あした	6-Ⅱ	いそがしい［忙しい］	8-Ⅱ
あそこ	5-Ⅰ	いちにち［一日］	7-Ⅱ
あたたかい［暖かい］	7-Ⅱ	いちばん［一番］	9-Ⅰ
あたらしい［新しい］	7-Ⅱ	いつ	6-Ⅰ
あたり［辺り］	8-Ⅱ	いつも	8-Ⅰ
あちら	5-Ⅱ	いぬ［犬］	7-Ⅱ
あつい［暑い］	8-Ⅱ	いま［今］	6-Ⅰ
あなた	4-Ⅱ	います	7-Ⅰ
あの	5-Ⅰ	いろいろ	9-Ⅰ
あのう	6-Ⅰ	**う**	
アパート	8-Ⅱ	うえ［上］	7-Ⅱ
あまり	8-Ⅰ	うた［歌］	5-Ⅱ
アメリカ	5-Ⅱ	うつくしい［美しい］	8-Ⅰ
ありがとうございます	5-Ⅰ	うみ［海］	9-Ⅱ
あります	7-Ⅰ	**え**	
あれ	5-Ⅰ	えいが［映画］	6-Ⅱ
あんないします［案内します］	7-Ⅰ	えいご［英語］	4-Ⅱ
		ええ	6-Ⅰ

えがお [笑顔]	9-Ⅰ	かがく [化学]	4-Ⅱ
えき [駅]	8-Ⅱ	がくえんさい [学園祭]	9-Ⅱ
えん [円]	5-Ⅰ	がくせい [学生]	4-Ⅰ
お		がくせいりょう [学生寮]	5-Ⅰ
お～	8-Ⅰ	かさ [傘]	5-Ⅰ
おいくつ	6-Ⅰ	かぜ [風邪]	9-Ⅰ
おいしい	7-Ⅱ	かた [方]	5-Ⅰ
おう [王]	4-Ⅱ	～がつ [月]	6-Ⅰ
おおい [多い]	8-Ⅰ	がっこう [学校]	7-Ⅰ
おおがたれんきゅう [大型連休]	6-Ⅰ	かのじょ [彼女]	5-Ⅰ
おおきい [大きい]	8-Ⅰ	かばん	5-Ⅱ
おかし [お菓子]	5-Ⅰ	かんこく [韓国]	5-Ⅰ
おきゃくさん [お客さん]	7-Ⅱ	かんこくじん [韓国人]	4-Ⅱ
おしえかた [教え方]	9-Ⅰ	かんたん [簡単]	8-Ⅱ
おじゃまします [お邪魔します]	8-Ⅰ	がんばってください [頑張ってください]	9-Ⅰ
おしゃれ	9-Ⅱ	がんばります [頑張ります]	9-Ⅰ
おてら [お寺]	8-Ⅰ	**き**	
おとどい	6-Ⅱ	きのう [昨日]	6-Ⅰ
おなじ [同じ]	8-Ⅰ	きびしい [厳しい]	9-Ⅰ
おはいりください [お入りください]	8-Ⅰ	きょう [今日]	6-Ⅰ
おもしろい	7-Ⅱ	きょうしつ [教室]	5-Ⅰ
おわりました [終わりました]	9-Ⅰ	きょうと [京都]	7-Ⅱ
おんな [女]	5-Ⅰ	きょねん [去年]	9-Ⅱ
か		きらい [嫌い]	8-Ⅱ
～かい [～階]	5-Ⅰ	きれい	7-Ⅱ
かいぎ [会議]	6-Ⅱ	ぎんこう [銀行]	6-Ⅱ
かいぎしつ [会議室]	6-Ⅱ	きんようび [金曜日]	6-Ⅰ
がいこくじん [外国人]	8-Ⅰ	**く**	
かいしゃ [会社]	6-Ⅰ	くだもの [果物]	7-Ⅱ
かいしゃいん [会社員]	4-Ⅰ	くるま [車]	5-Ⅰ
かいわ [会話]	9-Ⅰ	**け**	
かおいろ [顔色]	9-Ⅰ	けいたい [携帯]	5-Ⅰ

附　録

けいたいでんわ [携帯電話]	5-Ⅰ	さしみ [刺身]	8-Ⅱ
けいたいばんごう [携帯番号]	6-Ⅱ	ざっし [雑誌]	5-Ⅱ
けしき [景色]	8-Ⅰ	さとう [佐藤]	6-Ⅱ
げつようび [月曜日]	6-Ⅰ	さむい [寒い]	8-Ⅱ
～げん [元]	5-Ⅰ	～さん	4-Ⅰ
けんきゅうしつ [研究室]	7-Ⅰ	さんがい [3階]	5-Ⅰ

こ

		さんにん [3人]	7-Ⅱ
こうえん [公園]	8-Ⅱ	ざんねん [残念]	7-Ⅱ
こうぎょうだいがく [工業大学]	4-Ⅰ	さんねんせい [3年生]	4-Ⅰ
こうこう [高校]	9-Ⅱ		

し

～ごうしつ [～号室]	6-Ⅰ	～じ [時]	6-Ⅰ
こうちゃ [紅茶]	5-Ⅱ	シーディー [CD]	5-Ⅱ
コーヒー	5-Ⅱ	しかし	8-Ⅰ
ここ	5-Ⅰ	じかん [時間]	6-Ⅰ
ごご [午後]	6-Ⅰ	しけん [試験]	9-Ⅰ
ごぜん [午前]	6-Ⅰ	しごと [仕事]	7-Ⅱ
こちら	4-Ⅰ	じしょ [辞書]	7-Ⅱ
こちらこそ	4-Ⅰ	しずか [静か]	7-Ⅱ
こっけいせつ [国慶節]	6-Ⅰ	した [下]	7-Ⅱ
こと	9-Ⅰ	～じはん [～時半]	6-Ⅱ
ことし [今年]	6-Ⅰ	しみず [清水]	4-Ⅰ
こども [子供]	9-Ⅰ	じむしつ [事務室]	6-Ⅰ
この	5-Ⅰ	じゃ	5-Ⅰ
このあいだ [この間]	9-Ⅰ	しゅう [周]	4-Ⅰ
これ	5-Ⅰ	じゅぎょう [授業]	6-Ⅰ
これから	7-Ⅰ	しゅくだい [宿題]	9-Ⅱ
こんげつ [今月]	6-Ⅱ	しゅっしん [出身]	8-Ⅰ
こんしゅう [今週]	6-Ⅱ	しゅと [首都]	8-Ⅰ
		しゅんせつ [春節]	6-Ⅰ

さ

～さい [歳]	6-Ⅰ	じょうず [上手]	8-Ⅱ
さいきん [最近]	9-Ⅱ	しょきゅうコース [初級コース]	6-Ⅰ
さかな [魚]	9-Ⅱ	しょくいん [職員]	4-Ⅰ

·173·

しょくどう［食堂］	5-Ⅰ	だいにんき［大人気］	8-Ⅰ
じょせい［女性］	9-Ⅰ	たいへん［大変］	9-Ⅰ
しんぶん［新聞］	7-Ⅱ	たかい［高い］	7-Ⅰ
スーパー	5-Ⅱ	たくさん	7-Ⅰ
す		～たち	8-Ⅱ
～すぎ［過ぎ］	6-Ⅱ	たてもの［建物］	5-Ⅰ
すき［好き］	8-Ⅰ	たなか［田中］	7-Ⅰ
すききらい［好き嫌い］	9-Ⅰ	たのしい［楽しい］	7-Ⅰ
すくない［少ない］	9-Ⅰ	だれ	5-Ⅰ
すこしも［少しも］	9-Ⅰ	たんじょうび［誕生日］	6-Ⅰ
すずしい［涼しい］	9-Ⅱ	だんぼう［暖房］	9-Ⅰ
スマートフォン	5-Ⅰ	**ち**	
スマホ	5-Ⅱ	ちいさい［小さい］	8-Ⅱ
すみません	5-Ⅰ	ちかい［近い］	8-Ⅰ
せ		ちがいます［違います］	4-Ⅰ
せいかく［性格］	9-Ⅰ	ちかく［近く］	7-Ⅱ
せいせき［成績］	8-Ⅱ	～ちゅう・じゅう［中］	6-Ⅰ
せまい［狭い］	8-Ⅰ	ちゅうごく［中国］	5-Ⅰ
せんしゅう［先週］	6-Ⅱ	ちゅうごくご［中国語］	4-Ⅱ
せんせい［先生］	4-Ⅰ	ちゅうごくごがっか［中国語学科］	4-Ⅰ
せんもん［専門］	4-Ⅰ	ちゅうごくごしょきゅうコース［中国語初級コース］	6-Ⅰ
そ		ちゅうごくじん［中国人］	4-Ⅱ
そう	4-Ⅰ	ちょう［張］	4-Ⅰ
そこ	5-Ⅰ	ちょっと	8-Ⅰ
そちら	5-Ⅱ	**つ**	
その	5-Ⅰ	つくえ［机］	7-Ⅱ
それ	5-Ⅰ	テレビ	7-Ⅰ
た		**て**	
たいいくかん［体育館］	7-Ⅰ	でも	8-Ⅰ
だいがく［大学］	4-Ⅰ	てんいん［店員］	5-Ⅰ
だいじょうぶ［大丈夫］	9-Ⅰ	てんき［天気］	7-Ⅱ
だいすき［大好き］	9-Ⅰ	てんすう［点数］	9-Ⅰ

でんわ［電話］	7-Ⅱ	なんがつ［何月］	6-Ⅱ
でんわばんごう［電話番号］	6-Ⅰ	なんさい［何歳］	6-Ⅱ
と		なんじ［何時］	6-Ⅰ
トイレ	5-Ⅱ	なんにち［何日］	6-Ⅰ
どう	8-Ⅰ	なんばん［何番］	6-Ⅰ
どういたしまして	6-Ⅱ	なんようび［何曜日］	6-Ⅰ
とうきょう［東京］	6-Ⅱ	**に**	
どうぞ	8-Ⅰ	にかい［2階］	5-Ⅰ
とおい［遠い］	8-Ⅰ	にぎやか	7-Ⅱ
とき［時］	9-Ⅰ	にく［肉］	8-Ⅱ
とくい［得意］	8-Ⅱ	〜にち［日］	6-Ⅰ
どこ	5-Ⅰ	にちようび［日曜日］	6-Ⅰ
ところ	8-Ⅰ	にねんせい［2年生］	4-Ⅰ
とし［都市］	8-Ⅰ	にほん［日本］	5-Ⅱ
としょかん［図書館］	6-Ⅰ	にほんご［日本語］	4-Ⅰ
どちら	5-Ⅱ	にほんごがっか［日本語学科］	4-Ⅰ
とても	7-Ⅰ	にほんじん［日本人］	4-Ⅰ
どなた	5-Ⅰ	にほんりょうり［日本料理］	8-Ⅱ
となり［隣］	5-Ⅰ	にわ［庭］	7-Ⅱ
どの	5-Ⅰ	**ね**	
ともだち［友達］	4-Ⅰ	ねこ［猫］	7-Ⅱ
どようび［土曜日］	6-Ⅰ	ねっしん［熱心］	7-Ⅰ
とり［鳥］	7-Ⅱ	**の**	
どれ	5-Ⅰ	ノート	5-Ⅱ
どんな	8-Ⅰ	のみもの［飲物］	7-Ⅱ
な		**は**	
なおこ［尚子］	5-Ⅰ	パーティー	9-Ⅱ
なか［中］	5-Ⅱ	はい	4-Ⅰ
なつ［夏］	9-Ⅱ	はじめまして［初めまして］	4-Ⅰ
なつやすみ［夏休み］	6-Ⅰ	バス	9-Ⅱ
なに［何］	7-Ⅱ	パソコン	5-Ⅰ
なん［何］	4-Ⅰ	はたち［二十歳］	4-Ⅱ

はちかい・はっかい [8階]	5-Ⅱ	～まえ [～前]	6-Ⅱ
ハルビン	8-Ⅱ	まだ	9-Ⅰ
～はん [半]	6-Ⅰ	まち [町]	7-Ⅱ
ばんごう [番号]	6-Ⅰ	～まん [～万]	5-Ⅱ

ひ

		まんが [漫画]	5-Ⅱ
ヒアリング	9-Ⅰ		
ひと [人]	5-Ⅰ	みせ [店]	8-Ⅱ
ひどい	9-Ⅱ	みんな	8-Ⅰ
ひま [暇]	9-Ⅱ		

み

む

びょうき [病気]	9-Ⅱ	むこう [向こう]	7-Ⅰ
ひるやすみ [昼休み]	6-Ⅱ	むずかしい [難しい]	8-Ⅱ
ひろい [広い]	8-Ⅱ		

ふ

も

		もう	9-Ⅰ
ファーウェイ [HUAWEI]	5-Ⅰ	もくようび [木曜日]	6-Ⅰ
ふゆ [冬]	8-Ⅱ	もんだい [問題]	8-Ⅱ
ふゆやすみ [冬休み]	6-Ⅱ		

や

ふるい [古い]	8-Ⅰ	やきゅう [野球]	9-Ⅱ
～ふん・ぷん [分]	6-Ⅰ	やさい [野菜]	7-Ⅱ
		やさしい [優しい]	7-Ⅱ

へ

ペキン [北京]	6-Ⅱ	やすい [安い]	8-Ⅰ
ペキンだいがく [北京大学]	4-Ⅱ	やすみ [休み]	6-Ⅰ
へた [下手]	8-Ⅱ	やすみました [休みました]	9-Ⅱ
へや [部屋]	5-Ⅰ	やね [屋根]	7-Ⅰ
べんきょう [勉強]	7-Ⅰ	やまだ [山田]	4-Ⅰ
べんり [便利]	8-Ⅰ		

ゆ

		ゆうびんきょく [郵便局]	7-Ⅱ

ほ

ほん [本]	5-Ⅰ	ゆうめい [有名]	7-Ⅱ
ほんとうに [本当に]	9-Ⅰ	ゆき [雪]	9-Ⅱ
ほんや [本屋]	5-Ⅰ		

ま

よ

		よう [楊]	4-Ⅱ
まいにち [毎日]	6-Ⅰ	～ようび（曜日）	6-Ⅰ
まえ [前]	5-Ⅰ	よる [夜]	6-Ⅱ

よろしく	4-Ⅰ	りょうり［料理］	7-Ⅱ
よろしくおねがいします［よろしくお願いします］	4-Ⅰ	りょこう［旅行］	9-Ⅰ
		りん［林］	4-Ⅰ
		りんご	7-Ⅱ

ら

らいしゅう［来週］	6-Ⅰ

り

り［李］	4-Ⅱ
りっぱ［立派］	7-Ⅱ
りゅうがくせい［留学生］	4-Ⅰ
りゅうがくせいセンター［留学生センター］	4-Ⅰ
りゅうがくせいりょう［留学生寮］	7-Ⅰ
りょう［寮］	5-Ⅰ

れ

れいぞうこ［冷蔵庫］	7-Ⅰ
レストラン	9-Ⅱ

わ

わたし	
わたしたち（私たち)	
わるい［悪い］	

附录2

语法和句型

	课次		课次
あまり～（否定）	8	～は～ですか	4
今～時～分です	6	～は～ではありません	4
が〈対象語〉	8	～は～にあります／います〈存在〉	7
から〈原因、理由〉	9	～は～にありません／いません〈存在〉	7
"こそあど"系列词	5	～も～です	4
ここ・そこ・あそこは～です	5	～や～など〈列挙〉	7
この・その・あの～は～です	5	イ形容词词干＋かったです	9
これ・それ・あれは～です	5	イ形容词词干＋くて	8
だれ・どれ・どこ・どの～が～ですか	6	イ形容词词干＋くないです／くありません	8
～ですか、～ですか〈選択〉	6	イ形容词词干＋くなかったです	9
と〈並列〉	6	ナ形容词词干＋でした	9
～に（は）～があります／います〈存在〉	7	ナ形容词词干＋ではありません	8
～には～はありません／いません〈存在〉	7	ナ形容词词干＋ではありませんでした	9
の〈限定〉	4	形容词的分类	7
の〈所有、内容等〉	5	ナ形容词词干＋で	8
～はいくらですか	5	ナ形容词词干＋な＋名词	7
～は～から～までです	6	イ形容词谓语句	8
～はここ・そこ・あそこです	5	イ形容词基本形＋名词	7
～は～で、～です	4	ナ形容词谓语句	8
～は～でした	6	日语的词类	4
～は～です	4		

附录3

词语与用法说明

	课次		课次
あのう	6	ちょっと狭いですけど	8
いいえ	6	どうぞ、お入りください	8
ええ	6	図書館には中国語の本と英語の本はありますが、日本語の本はありません	7
お邪魔します	8		
外国人にも大人気です	8		
風邪でいろいろ大変でした	9	～のほかに	7
彼女はとても勉強熱心な人です	7	はい / いいえ	4
きれいなお部屋ですね	8	はじめまして	4
工業大学の寮はみんな同じです	8	本屋ですか	5
こちらは～です	4	よろしくお願いします	4
～さん	4	～をください	5
じゃ、頑張ってくださいね。ええ、頑張ります。	9	电话号码以及房间号的说法	6
		楼层的说法	5
じゃ、これから学校を案内します	7	年级的说法	4
周さんは	4	年龄的表达方式	6
先生のことが好きです	9	日元的说法	5
そうですか	4	数字的说法①	4
それは残念ですね	7	数字的说法②	5
それはよかったですね	9	有关时间的表达方式	6
～中	6	主语的省略	4
張さんの部屋は研究室に近くありません	8		

附录4

课文参考译文

第4课　我是学生

会话

这位是山田

清水：小张、小周，这位是山田。

山田：初次见面，我是山田，请多多关照。

张　：初次见面，我是小张，请多指教。

周　：初次见面，我姓周，请多指教。

张　：山田（你）是留学生吧？

山田：是的，我是汉语专业的留学生。小张（你）的专业是什么呢？

张　：日语。我是日语专业3年级学生。

山田：啊，是嘛。小周你呢？

周　：我也是日语专业的学生，我是2年级的。

山田：是嘛。

短文

　　小张是工业大学日语专业的学生。小周也是日语专业的学生。小张3年级，小周2年级。

　　清水是工业大学的留学生。山田也是留学生，他是清水的朋友。小林不是学生，是留学生中心的职员。

第5课　这是我的电脑

会话

这部手机多少钱？

周　：请问，这部手机多少钱？

店员：那个2300元。

周　：是嘛。这是中国产的手机吗？

店员：不是，是韩国手机。

周　：华为的智能手机是哪个？

店员：你要华为的智能手机吗？这个就是。

周　：多少钱？

店员：2800元。

周　：那给我来华为的这款智能手机吧。

店员：好的，谢谢！

短文

这里是小张就读的大学。食堂在书店的对面，食堂旁边的楼是学生宿舍，小张的房间在宿舍的3楼。

那边那个女孩是清水尚子。清水是小张的日本朋友，她是工业大学的留学生。这台电脑是清水的，那本汉语书也是清水的。清水上课的教室在留学生中心的2楼。留学生中心在书店隔壁那个楼里。

第6课　今天是星期四

会话

几点到几点有课？

山田：嗯……，打扰一下。

林　：嗯，你有什么事？山田。

山田：汉语初级班的课程周几到周几有课呢？

林　：周一到周五。

山田：是嘛。那周六和周日休息，对吗？

林　：嗯，是的。

山田：上午的课几点开始？

林　：8点开始上课。

山田：上到几点呢？

林　：到11点45分。

山田：哪个教室是初级班的教室？

林　：213教室。

山田：请问，这间办公室的电话是多少？

林　：0451-86412114。

山田：86412114。好的，谢谢。

林　：不客气。

短文

这里是留学生中心。山田是汉语初级班的学生。汉语课每周一到周五有课，每天4个小时，周六和周日休息。

昨天是9月27日，星期四，是山田的生日。山田现在25岁了。下周一开始国庆长假，从10月1号到7号大学放假。

第7课　图书馆在哪儿？

会话

这里是食堂

林　：那么，现在我带你去学校转转。

山田：麻烦你了。
林　：这儿是食堂，对面那个很高的房子是图书馆。
山田：图书馆里有日语书吗？
林　：没有日语书，有英语书。
山田：是吗？那可太遗憾了。小林，留学生的教室在哪儿？
林　：留学生的教室吗？图书馆旁边不是有一个蓝色屋顶的房子吗？就在那个楼的二楼。
山田：教室里现在有留学生吗？
林　：有。清水在。
山田：老师也在吗？
林　：老师不在教室，在研究室。

短文

　　大学里有图书馆、留学生宿舍等建筑。图书馆里有中文书和英文书，没有日语书。留学生宿舍里除了电视机还有冰箱、电脑等设备。
　　大学里有很多的留学生，留学生的教室在图书馆隔壁。现在是午休时间，但清水没在留学生宿舍，在教室。她是一个非常热爱学习的人。

第8课　山田的房间很整洁

会话

好整洁的房间啊！

山田：请进！
张　：打扰了！好整洁的房间啊！
山田：谢谢！就是有点小。小张，你的房间也小吗？
张　：是呀，工业大学的宿舍都一样。

山田：是吗？你的宿舍离研究室近吗？

张　：不，离研究室不近，离超市近。

山田：那很热闹吧？

张　：是，但我不太喜欢，我喜欢安静又方便的地方。

山田：学校食堂的饭菜怎么样？

张　：又便宜又好吃！

山田：那太好了！

短文

留学生宿舍很高，也很新。山田的房间在3楼，离留学生的教室很近，很方便。

山田是东京人。东京是日本的首都，是一座大都市，人口众多，总是很热闹繁华。

可是，山田不太喜欢东京，他喜欢京都。京都是一座古老的城市，有很多有名的寺院，景色也很美，外国人也非常喜欢那里。

第9课 昨天很冷

会话

考试很难

周　：今天天气真好啊！

山田：是呀，天气真是太好了！昨天还很冷呢。

周　：你们宿舍没事吧？冷不冷？

山田：嗯，有暖气，所以一点儿都不冷。

周　：那太好了。

山田：小周，你前段时间的考试怎么样？

周　：好难，答得一团糟。

山田：什么最难？

周　：听力题最难。

山田：是吗？口语考试也难吗？

周　：不，口语考试不太难，很简单。

山田：那就好。

周　：山田，你考完试了吗？

山田：还没呢，明天开始考。

周　：那你可要加油啊！

山田：好的，我会努力的。

短文

日语老师都是工作认真、和蔼可亲的人。担任二年级口语课的老师是一位女性，她性格非常开朗，上课时总是面带微笑，教的也很好。日语专业的学生们都很喜欢这位老师。

小周非常喜欢学日语，不过成绩不太好。前段时间的考试分数也不太理想，很糟糕。口语考试不太难，但听力考试很难。

附录5

练习参考答案

第4课　我是学生

二、在（　）内填入适当的词语完成会话。

1．林さん　　2．何　　3．いいえ

4．そう（工業大学の留学生）　5．そう（韓国人）

6．A：よろしく

　　B：こちらこそ

三、参照例句完成句子。

1．張さんも学生ですか。

2．清水さんは私の友達です。

3．清水さんは会社員ではありません。

4．周さんは工業大学の学生です。

5．張さんの専門は何ですか。

6．清水さんは日本人で、工業大学の留学生です。

四、汉译日。

1．　私は工業大学の学生です。

2．　林さんは学生ではありません。大学の職員です。

3．　李さんの専門は何ですか。

4．　山田さんは日本人で、工業大学の留学生です。

5．　A：周さんも3年生ですか。

　　　B：いいえ、そうではありません。2年生です

第5课 这是我的电脑

二、在（ ）内填入适当的词语完成会话。

1．どなた　　　　2．どこ（何階）　　　3．どれ
4．山田さん　　　5．何　　　　　　　　6．どこ
7．いくら　　　　8．どの

三、在（ ）内填入适当的助词完成句子。

1．は；も　　2．の
3．の　　　　4．か

四、参照例句完成句子。

1．あれは張さんの傘です。
2．そのパソコンはだれのですか。
3．食堂は寮の前です。
4．このＣＤはいくらですか。
5．これは何の雑誌ですか。
6．トイレはどこですか。
7．あなたのかばんはどれですか。

五、汉译日。

1．この携帯はいくらですか。
2．スーパーは食堂の隣です。
3．この車は中国の車です。
4．A：それは何の本ですか。
　　B：漫画の本です。
5．A：この傘はあなたのですか。
　　B：いいえ、私のではありません。
　　A：あなたの傘はどれですか。
　　B：これです。

第6课　今天是星期四

二、在（　）内填入适当的词语完成会话。

1．いつ　　　　2．何曜日　　3．休み

4．何時；何時　　5．何番　　6．おいくつ（何歳）

7．何号室（どこ）

三、在（　　）内填入适当的助词完成句子。

1．は　　2．が　　3．と

4．の　　5．の　　6．か

7．か　　8．ね　　9．は；も

四、汉译日。

1．A：あのう、すみません。今何時ですか。
　　B：9時50分です。

2．A：今日は木曜日ですか、金曜日ですか。
　　B：金曜日です。

3．スーパーは朝7時から夜9時までです。

4．昨日は李さんの誕生日でした。

5．張さんと周さんは日本語学科の学生です。

6．A：どの傘が先生のですか。
　　B：あの傘が先生のです。（あの傘です）

第7课　图书馆在哪儿？

二、在括号内填入适当的助词完成句子。

1．に　　　　2．に、と（や）　　3．に、や、など

4．は、は　　5．に、か、の

三、参照例句完成句子。

1．きれいな　　2．優しい　　3　おもしろい

4．静かな　　　5．熱心な

四、汉译日。

1．スーパーの前に本屋があります。

2．部屋には机や椅子、パソコンなどがあります。

3．王さんは寮にいません。図書館にいます。

4．林先生は優しい人です。

5．あの立派な建物は図書館です。

6．A：寮に冷蔵庫がありますか。
　　B：いいえ、ありません。

第8课　山田的房间很整洁

二、在括号内填入适当的假名完成句子。

1．の　　2．が　　3．に　　4．は、も
5．の　　6．て　　7．で、な

三、参照例句完成句子。

1．暖かい　　2．近く、便利　　3．高くないです
4．にぎやかではありません　　5．静かで、明るい

四、汉译日。

1．ハルビンの冬は寒いです。

2．この部屋は広いですね。

3．食堂の料理はあまりおいしくありません。

4．私の部屋は小さくて、あまりきれいではありません。

5．京都は美しくて静かな町です。

6．図書室は静かで明るいです。

7．私は北京の出身です。しかし、北京はあまり好きではありません。

第9课　昨天很冷

三、在括号内填入适当的助词完成句子。
1．まで　　2．は、は　　3．は、が
4．の　　　5．と　　　6．や、が　　7．から

四、参照例句完成句子。
1．よくなかったです。悪かったです。
2．厳しくなかったです。優しかったです。
3．大変ではありませんでした。簡単でした。
4．好きではありませんでした。嫌いでした。

五、汉译日。
1．昨日の試験は成績が悪くて、恥ずかしかったです。
2．文法の試験はあまり難しくなかったです。ヒアリングの試験も簡単でした。
3．A：昨日の映画はどうでしたか。
　　B：あまりおもしろくなかったです。
4．昨日のパーティーはにぎやかで楽しかったです。
5．高校の時、家は学校に近くて便利でした。
6．日本語の会話の授業はおもしろいですから、みんな好きです。

附录6

模拟试题（一）

一、请在空格处填入适当的平假名完成五十音图表。

(1分×10 = 10分)

あ	い	う	え	①
か	き	く	②	こ
さ	③	す	せ	そ
た	ち	④	て	と
⑤	に	ぬ	ね	の
は	⑥	ふ	へ	ほ
ま	み	⑦	め	も
や	い	ゆ	え	⑧
ら	り	る	⑨	ろ
⑩	い	う	え	を

二、请将下列平假名的单词改为片假名。(1分×10 = 10分)

1. こーひー（　　　）　　2. あめりか（　　　）

3. くらしっく（　　　）　　4. ぱそこん（　　　）

5. でざいん（　　　）　　6. ちぇっく（　　　）

7. せんたー（　　　）　　8. すまほ（　　　）

9. からおけ（　　　）　　10. れすとらん（　　　）

三、选出下列日语汉字的正确读法。(1分×10＝10分)

1. 大学

　　①たいかく　②だいかく　③たいがく　④だいがく

2. 友達

　　①ともたち　②どもたち　③ともだち　④どもだち

3. 中国

　　①ちょうこく　②ちゅうこく　③ちょうごく　④ちゅうごく

4. 授業

　　①じゅぎょう　②じゅうぎょう　③じゅぎょ　④じゅうぎょ

5. 食堂

　　①しょくど　②しょくどう　③しゅくど　④しゅくどう

6. 先生

　　①さんせい　②しんせい　③すんせい　④せんせい

7. 9時

　　①しじ　　②くじ　　③きゅうじ　④はちじ

8. 上手

　　①へた　　②とくい　　③じょうず　④きらい

9. 勉強

　　①びんきょ　②びんきょう　③べんきょ　④べんきょう

10. 旅行

　　①りょこ　　②りょこう　　③りょうこ　　④りょうこう

四、请将下列单词翻译成汉语。（1分×10＝10分）

1．大丈夫（　　　）　　2．スーパー（　　　）

3．携帯（　　　）　　4．試験（　　　）

5．専門（　　　）　　6．仕事（　　　）

7．彼女（　　　）　　8．野菜（　　　）

9．木曜日（　　　）　　10．宿題（　　　）

五、请从①～④中选择一个正确的词语填在（　）内完成句子。

（1分×10＝10分）

1．A：その本は王さんのですか。

　　B：いいえ、違います。（　　　）は李さんのです。

　　①どれ　　②どの　　③それ　　④これ

2．A：すみません、食堂は（　　　）ですか。

　　B：あそこです。

　　①ここ　　②そこ　　③あそこ　　④どこ

3．A：食堂の料理は（　　　）ですか。

　　B：とてもおいしいです。

　　①どう　　②どんな　　③どれ　　④どの

4．A：それは（　　　）の携帯ですか。

　　B：中国のです。

　　①どの　　　②何　　　③どこ　　　④どれ

5．A：清水さんは（　　　）人ですか。

　　B：優しい人です。

　　①どの　　　②どんな　　③どれ　　　④どう

6．あそこに（　　　）がいます。

　　①猫　　　②果物　　　③机　　　④刺身

7．A：張さんは（　　　）ですか。

　　B：二十五歳です。

　　①どれ　　②おいくつ　③いつ　　　④いくら

8．このレストランの料理は（　　　）です。

　　①楽しい　　②難しい　　③おいしい　　④優しい

9．A：この傘は（　　　）ですか。

　　B：千円です。

　　①どれ　　②おいくつ　③いつ　　　④いくら

10．A：図書館は（　　　）建物ですか

　　B：あの立派な建物です。

　　①どの　　　②どこ　　③どれ　　　④どう

六、请从①～④中选择一个正确的助词填在（　　）内完成句子。

（1 分 ×12 ＝ 12 分）

1．ここは教室です。そこ（　　　）教室です。

　　①も　　　　②は　　　　③の　　　　④か

2．それは李さんの辞書です。私（　　　）ではありません。

　　①も　　　　②は　　　　③の　　　　④が

3．山田さんは日本人（　　　）、留学生です。

　　①の　　　　②で　　　　③も　　　　④は

4．図書館は朝8時（　　　）です。

　　①から　　　②まで　　　③で　　　　④に

5．土曜日（　　　）日曜日は休みです。

　　①は　　　　②が　　　　③と　　　　④も

6．どれ（　　　）山田さんの本ですか。

　　①は　　　　②が　　　　③の　　　　④も

7．A：あの人は田中さんです（　　　）、山田さんですか。

　　B：山田さんです。

　　①は　　　　②が　　　　③か　　　　④の

8. 机の上（　　）本があります。

　　①の　　　　②は　　　　③と　　　　④に

9. 李さんは料理（　　）上手です。

　　①は　　　　②が　　　　③と　　　　④の

10. 教室に机（　）いすなどがあります。

　　①が　　　　②や　　　　③と　　　　④の

11. 図書館には英語の本はあります（　　）、日本語の本はありません。

　　①ね　　　　②が　　　　③から　　　④か

12. 寮には暖房があります（　　）、少しも寒くありません。

　　①ね　　　　②が　　　　③から　　　④か

七、请从①～④中选择一个正确的形式填在（　）内完成句子。

(1分×8＝8分)

1. 林さんは日本人（　　）。中国人です。

　　①です　　　　　　　　②でした

　　③ではありません　　　④ではありませんでした

2. ここは銀行ではありませんでした。図書館（　　）。

　　①です　　　　　　　　②でした

③ではありません　　　　　　④ではありませんでした

3．A：すみません。ここは日本語の教室（　　　）。

　　B：はい、そうです。

　　①ですか　　　　　　　　②です

　　③でしたか　　　　　　　④でした

4．この魚はあまり（　　　）ないです。

　　①おいしい　　　　　　　②おいし

　　③おいしく　　　　　　　④おいしかた

5．大きくて（　　　）建物ですね。

　　①きれい　　　　　　　　②きれいで

　　③きれいな　　　　　　　④きれく

6．昨日は（　　　）です。

　　①寒かった　　　　　　　②寒い

　　③寒いだった　　　　　　④寒いではなかった

7．このパソコンの操作は（　　　）、便利です。

　　①簡単　　　②簡単で　　③簡単な　　④簡単だ

8．A：山田さんは日本人ですか。

　　B：（　　　）。

①私は日本人です。

②私は日本人ではありません。

③はい、そうです。

④いいえ、私は日本人です。

八、请将下列句子翻译成汉语。（2分×7＝14分）

1．山田さんの寮は食堂に近いです。

2．留学生センターは本屋の隣の建物です。

3．会社は午前9時から午後5時までです。

4．張さんの部屋は狭いですが、きれいです。

5．清水さんは今寮にいません。教室にいます。

6．京都は古い町で、有名なお寺がたくさんあります。

7．周さんは日本語の勉強が大好きです。しかし、成績はあまりよくないです。

九、请从①～④中选择一个最适合的填入＿★＿上完成句子。

（2分×8＝16分）

1. 清水さんは＿＿＿＿＿＿＿＿＿★＿＿＿＿留学生です。

　　　①工業大学　　②日本人　　　③で　　　　④の

2．あの_____ _★_____ _____ _____ですか。

　　①は　　　　②どの国　　　③女の人　　　④の人

3．昼休みは_____ _____ _____ _★_____です。

　　①12時　　　②1時半　　　③まで　　　　④から

4．大学に_____ _★_____ _____ _____があります。

　　①など　　　②や　　　　　③本屋　　　　④銀行

5．昨日の_____ _____ _★_____ _____なかったです。

　　①難しく　　②は　　　　　③試験　　　　④あまり

6．私たち_____ _____ _★_____ _____です。

　　①は　　　　②広くて　　　③きれい　　　④の教室

7．私は_____ _____ _____ _★_____ところがすきです。

　　①静か　　　②便利　　　　③で　　　　　④な

8．私_★_____ _____ _____ _____ではありません。

　　①が　　　　②は　　　　　③すき　　　　④魚

附录7

模拟试题（二）

一、请在空格处填入适当的平假名完成五十音图表。

（0.5分×20＝10分）

①	い	②	え	を
か	③	く	け	④
さ	し	⑤	せ	⑥
⑦	ち	つ	⑧	と
な	⑨	ぬ	⑩	の
⑪	ひ	⑫	へ	ほ
ま	⑬	む	め	⑭
⑮	い	⑯	え	よ
⑰	り	⑱	れ	ろ
⑲	い	う	え	⑳

二、请将下列平假名的单词改为片假名。（1分×10＝10分）

1．のーと（　　　　）　　2．はるびん（　　　　）

3．てーぶる（　　　　）　　4．くらしっく（　　　　）

5．べっど（　　　　）　　6．じゅーす（　　　　）

7．おふぃす（　　　　）　　8．でぱーと（　　　　）

9．ひありんぐ（　　　　　）　　10．ばす（　　　　　）

三、选出下列日语汉字的正确读法。（1分×10＝10分）

1．残念

①ざんねん　　②さんねん　　③ざんねい　　④さんねい

2．熱心

①ねしん　　②ねいしん　　③ねっしん　　④ねっし

3．銀行

①きんこう　　②きんごう　　③ぎんごう　　④ぎんこう

4．料理

①りより　　②りょうり　　③りゅり　　④りゅうり

5．日曜日

①げつようび　　　　　②どようび

③すいようび　　　　　④にちようび

6．下手

①へた　　②へだ　　③べた　　④へった

7．試験

①しきん　　②しけん　　③しげん　　④じきん

8．大好き

　　①だいずき　　②だいすき　　③たいずき　　④たいすき

9．雑誌

　　①ざし　　　　②ざしい　　　③ざっし　　　④ざっしい

10．学校

　　①がこう　　　②がこ　　　　③がっこ　　　④がっこう

四、请将下列单词翻译成汉语。（1分×10＝10分）

1．友達　　（　　　）　　2．お菓子　　（　　　）

3．スマホ　（　　　）　　4．休み　　　（　　　）

5．部屋　　（　　　）　　6．大人気　　（　　　）

7．上手　　（　　　）　　8．風邪　　　（　　　）

9．寮　　　（　　　）　　10．レストラン（　　　）

五、请从①〜④中选择一个正确的词语填在（　）内完成句子。

（1分×10＝10分）

1．A：その雑誌は（　　　）のですか。

　　B：李さんのです。

　　①どれ　　　②どこ　　　③だれ　　　④何

2．A：すみません、郵便局は（　　　）ですか。

　　B：あの古い建物です。

　　　　①何　　　　②どれ　　　③どう　　　④どこ

3．A：その小説は（　　　　）ですか。

　　B：とてもおもしろいです。

　　　①どれ　　　　②どこ　　　③どう　　　④どんな

4．A：それは（　　　　）の本ですか。

　　B：日本語の本です。

　　　①何　　　　②どれ　　　③どの　　　④だれ

5．食堂の料理は（　　　　）です。

　　　①せまい　　　②あかい　　③おいしい　④ちかい

6．庭に（　　　　）がいます。

　　　①こども　　　②花　　　　③いす　　　④クラス

7．A：弟さんは（　　　　）ですか。

　　B：二十歳です。

　　　①おいくつ　　②いくら　　③どれ　　　④いつ

8．京都は（　　　　）て静かな町です。

　　　①古い　　　　②古く　　　③古　　　　④古な

9．東京は人が多くて、いつも（　　　　）です。

　　　①きれい　　　②しずか　　③べんり　　④にぎやか

10. A：図書館は（　　　）建物ですか

　　B：あの白い建物です。

　　①どの　　　②どちら　　③どれ　　　④どこ

六、请从①～④中选择一个正确的助词填在（　）内完成句子。

(1分×10＝10分)

1．王さんは大学（　　　）先生です。

　　①に　　　②が　　　③も　　　④の

2．田中さん（　　　）山田さんは会社員です。

　　①も　　　②に　　　③の　　　④と

3．張さんは学生です。李さん（　　　）学生です。

　　①は　　　②で　　　③も　　　④の

4．銀行は午後4時（　　　）です。

　　①から　　②まで　　③で　　　④に

5．留学生の教室は2階（　　　）あります。

　　①が　　　②も　　　③に　　　④で

6．どの人（　　　）山田さんですか。

　　①が　　　②も　　　③の　　　④は

7．机の上に本（　　　）ノートなどがあります。

　　①と　　　②や　　　③の　　　④も

8．張さんの家は学校（　　　）近いです。

①の　　　　②は　　　　③が　　　　④に

9．李さんはコーヒー（　　　）嫌いです。

①が　　　　②は　　　　③に　　　　④の

10．この雑誌は私（　　　）ではありません。

①が　　　　②も　　　　③と　　　　④の

七、请从①～④中选择一个正确的形式填在（　）内完成句子。

（1分×10＝10分）

1．A：林さんは中国人ですか。

　B：（　　　）

①はい、中国人ではありません。

②いいえ、中国人ではありません

③中国人です

④中国人ではありません。

2．図書館には中国語の本と英語の本はありますが、日本語の本は（　　　）。

①あります　　　　　　②ありません

③ありますか　　　　　④ありませんか

3．A：昨日は休みでしたか。

　B：いいえ、（　　　）。

①休みでした　　　　　②休みです

③休みではありませんでした　④休みではありません

4．この建物はあまり（　　　　）です。

　　①高くない　　　②高い　　　　③高いない　④高ない

5．工業大学は（　　　　）大学です。

　　①有名　　　　　②有名だ　　　③有名な　　④有名で

6．昨日の試験は（　　　　）。

　　①難しいです　　　②難しくないです

　　③難しいでした　　④難しくなかったです

7．食堂の料理は（　　　　）、おいしいです。

　　①安い　　　　②安く　　　③安くて　　④安くない

8．山田さんは日本人です。清水さんも（　　　　）。

　　①日本人です　　　　　　②日本人ではありません

　　③留学生です　　　　　　④留学生ではありません

9．公園は（　　　　）、たくさんの人がいます。

　　①にぎやか　　　　　　　②にぎやかだ

　　③にぎやかな　　　　　　④にぎやかで

10．A：この間の試験はどうでしたか。

　　B：難しくて、（　　　　）。

　　①大変です　　②大変ではありません

③大変でした　　④大変ではありませんでした

八、请将下列句子翻译成汉语。（2分×10＝20分）

1．清水さんは私の友達です。

2．山田さんは日本人で、留学生です。

3．日本語の授業は午前8時から10時までです。

4．初めまして。李です。よろしくお願いします。

5．この傘は私のです。

6．林先生は教室にいません。研究室にいます。

7．昨日は5月5日、金曜日で、山田さんの誕生日でした。

8．図書館の隣に青い屋根の建物があります。

9．張さんは静かで便利なところが好きです。

10．会話の先生は女性で、性格はとても明るいです。

九、请从①～④中选择一个最适合的填入___★___上完成句子。

（2分×5＝10分）

1．山田さんも_____ _____ _____ ___★___友達です。

　　①清水さん　　②で　　③の　　④留学生

2．大学_____ _____ ___★___ _____います。

　　①に　　②が　　③たくさん　　④留学生

3．あの中国語の＿＿＿＿　＿★＿＿　＿＿＿＿　＿＿＿＿です。

　　①の　　　　②も　　　③清水さん　　④本

4．日本語の先生は＿★＿＿　＿＿＿＿　＿＿＿＿　＿＿＿＿

　　人です。

　　①で　　　　②優しい　　③仕事熱心　　④みんな

5．張さんの寮＿＿＿＿　＿＿＿＿　＿★＿＿　＿＿＿＿です。

　　①に　　　　②は　　　③研究室　　　④近い

附录8

模拟试题答案

模拟试题(一)答案

一、请在空格处填入适当的平假名完成五十音图表。

①お　　②け　　③し　　④つ　　⑤な

⑥ひ　　⑦む　　⑧よ　　⑨れ　　⑩わ

二、请将下列平假名的单词改为片假名。

1．コーヒー　　2．アメリカ　　3．クラシック

4．パソコン　　5．デザイン　　6．チェック

7．センター　　8．スマホ　　9．カラオケ

10．レストラン

三、选出下列日语汉字的正确读法。

1．④　　2．③　　3．④　　4．①　　5．②

6．④　　7．②　　8．③　　9．④　　10．②

四、请将下列单词翻译成汉语。

1．没关系　　2．超市　　3．手机　　4．考试

5．专业　　6．工作　　7．她，女朋友　　8．蔬菜

9．星期四　　10．作业

五、请从①～④中选择一个正确的词语填在（　）内完成句子。

1．④　　2．④　　3．①　　4．③　　5．②

6．①　　7．②　　8．③　　9．④　　10．①

六、请从①～④中选择一个正确的助词填在（　）内完成句子。

1．①　　2．③　　3．②　　4．①　　5．③

6．②　　7．③　　8．④　　9．②　　10．②

11．②　　12．③

七、请从①～④中选择一个正确的形式填在（　）内完成句子。

1．③　　2．②　　3．①　　4．③

5．③　　6．①　　7．②　　8．③

八、请将下列句子翻译成汉语。

1．山田的宿舍离食堂近。

2．留学生中心在书店旁边那个楼里。

3．公司9点上班，5点下班。（公司早9晚5。）

4．小张的房间不大，但很干净。

5．清水现在不在宿舍，在教室。

6．京都是个古都，有很多有名的寺院。

7．小周非常喜欢学日语，但成绩不太好。

九、请从①～④中选择一个最适合的填入＿＿★＿＿上完成句子。

1．①　　　2．①　　　3．③　　　4．②

5．④　　　6．②　　　7．④　　　8．②

模拟试题（二）答案

一、请在空格处填入适当的平假名完成五十音图表。

①あ　②う　③き　④こ　⑤す　⑥そ

⑦た　⑧て　⑨に　⑩ね　⑪は　⑫ふ

⑬み　⑭も　⑮や　⑯ゆ　⑰ら　⑱る

⑲わ　⑳を

二、请将下列平假名的单词改为片假名。

1．ノート　　2．ハルビン　　3．テーブル

4．クラシック　5．ベッド　　6．ジュース

7．オフィス　　8．デパート　　9．ヒアリング

10．バス

三、选出下列日语汉字的正确读法。

1．① 2．③ 3．④ 4．② 5．④

6．① 7．② 8．② 9．③ 10．④

四、请将下列单词翻译成汉语。

1．朋友 2．点心 3．智能手机 4．休息

5．房间 6．很受欢迎 7．高明 8．感冒

9．宿舍 10．餐馆

五、请从①～④中选择一个正确的词语填在（ ）内完成句子。

1．③ 2．④ 3．③ 4．① 5．③

6．① 7．① 8．② 9．④ 10．①

六、请从①～④中选择一个正确的助词填在（ ）内完成句子。

1．④ 2．④ 3．③ 4．② 5．③

6．① 7．② 8．④ 9．① 10．④

七、请从①～④中选择一个正确的形式填在（ ）内完成句子。

1．② 2．② 3．③ 4．① 5．③

6．④ 7．③ 8．① 9．④ 10．③

八、请将下列句子翻译成汉语。

1．清水是我朋友。

2．山田是日本人，是留学生。

3．日语课从上午 8 点上到 10 点。

4．初次见面，我是小李，请多关照。

5．这把伞是我的。

6．林老师不在教室，在研究室。

7．昨天是 5 月 5 日星期五，山田的生日。

8．图书馆旁边有一座蓝色屋顶的房子。

9．小张喜欢安静方便的地方。

10．口语老师是一位女老师，性格十分开朗。

九、请从①～④中选择一个最适合的填入____★____上完成句子。

1.③　　2．②　　3．②　　4．④　　5．①

附录9

日本的都道府县

1都1道2府43县一览表（都道府県 とどうふけん）

北海道地方	北海道（ほっかいどう）	東北地方	青森（あおもり）県
			秋田（あきた）県
			岩手（いわて）県
			山形（やまがた）県
			宮城（みやぎ）県
			福島（ふくしま）県
関東地方	東京都（とうきょうと）	近畿地方	滋賀（しが）県
	栃木（とちざ）県		三重（みえ）県
	群馬（ぐんま）県		奈良（なら）県
	茨城（いばらぎ）県		京都（きょうと）府
	埼玉（さいたま）県		大阪（おおさか）府
	千葉（ちば）県		和歌山（わかやま）県
	神奈川（かながわ）県		兵庫（ひょうご）県
中部地方	新潟（にいがた）県	中国地方	
	長野（ながの）県		
	富山（とやま）県		鳥取（とっとり）県
	石川（いしかわ）県		岡山（おかやま）県
	福井（ふくい）県		島根（しまね）県
	山梨（やまない）県		広島（ひろしま）県
	静岡（しずおか）県		山口（やまぐあ）県
	岐阜（ぎふ）県		
	愛知（あいち）県		

续表

九州沖縄地方	福岡（くおか）県	四国地方	
	佐賀（さが）県		
	長崎（ながさき）県		香川（かがわ）県
	大分（おおいた）県		愛媛（えひめ）県
	熊本（くまもと）県		徳島（とくしま）県
	宮崎（みやざき）県		高知（こうち）県
	鹿児島（かごしま）県		
	沖縄（おきなわ）県		

参考书目

[1] 杨荫，崔宁. 新编基础日语[M]. 哈尔滨：哈尔滨工业大学出版社，2007.

[2] 耿铁珍. 轻松学日语[M]. 哈尔滨：哈尔滨工业大学出版社，2011.

[3] 陈俊森. 新大学日语 标准教程 基础篇[M]. 北京：高等教育出版社，2006.

[4] 日本3A出版社. 大家的日语 初级1[M]. 北京：外语教育与研究出版社，2017.

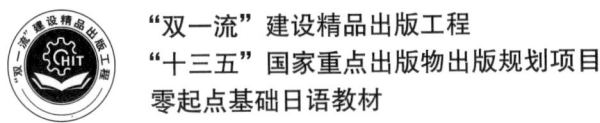

"双一流"建设精品出版工程
"十三五"国家重点出版物出版规划项目
零起点基础日语教材

新编初级日本语

やさしい日本語を楽しく学ぼう　　　（下）

主编　杨　荫
副主编　加藤靖代　王慧鑫
编者　刘　娟　毕春玲

哈尔滨工业大学出版社
HARBIN INSTITUTE OF TECHNOLOGY PRESS

图书在版编目（CIP）数据

新编初级日本语：全2册/杨荫主编．—哈尔滨：
哈尔滨工业大学出版社，2020.5
ISBN 978-7-5603-8779-6

Ⅰ.①新… Ⅱ.①杨… Ⅲ.①日语-教材 Ⅳ.①H36

中国版本图书馆CIP数据核字（2020）第068550号

策划编辑	常　雨
责任编辑	苗金英
出版发行	哈尔滨工业大学出版社
社　　址	哈尔滨市南岗区复华四道街10号　邮编150006
传　　真	0451-86414749
网　　址	http://hitpress.hit.edu.cn
印　　刷	哈尔滨久利印刷有限公司
开　　本	787mm×960mm　1/16　总印张28.5　总字数377千字
版　　次	2020年5月第1版　2020年5月第1次印刷
书　　号	ISBN 978-7-5603-8779-6
定　　价	38.00元（全2册）

（如因印装质量问题影响阅读，我社负责调换）

前 言

本书是为日语零起点的学习者编写的初级日语教材。

本书可供专科、本科、硕士作为日语第二外语教材使用，也可供广大日语爱好者自学使用。本书分上下两册，可根据各校学时要求灵活掌握进度，一般可分别在30—36学时内完成。

编者在编写过程中，注重课文内容及词汇的时代感，新颖、实用，语法说明简洁易懂，练习中还融入了培养学生日语交际能力的会话练习，以培养学生初步的日语综合运用能力。每课由基本句型、例句、会话、短文、单词、语法、词语与用法说明、练习、补充单词、知识窗构成，课文及单词的音频可通过扫描二维码获取。为便于学生自主学习，随时检测学习效果，巩固所学知识，附录部分还配有练习答案及模拟试题。书中提供了大量丰富的词汇，以提高学生阅读能力，为进阶学习打下基础。

语言与文化密不可分。为使学生在学习语言的同时，更好地了解日本风土人情，开阔视野，在每一课后，以知识窗的形式对其文化背景知识进行了介绍。

由于编者水平有限，书中难免有疏漏之处，衷心希望专家、学者和读者热情指教。同时，对在本书编辑过程中给予大力协助与支持的各位表示感谢！

教材编写分工如下：

上册：1—3课及日常寒暄语、课堂用语（杨荫），4—6课及模拟试题1（张红涛），7—9课及模拟试题2（孙维晶），附录1—3（加藤靖代）

下册：1—3课、7—8课及模拟试题1（加藤靖代），4—6课（杨荫），1—3课、7—8课语法及部分练习、课文译文、模拟试题2（王慧鑫）

上下册统稿由主编杨荫负责，本书音频由加藤靖代、杨荫录制。刘娟、毕春玲参与了部分编写工作。

编　者

2020年5月

符号及用语一览表

名 —— 名词

代 —— 代词

量 —— 量词

感 —— 感叹词

接尾 —— 接尾词

接头 —— 接头词

专 —— 专有名词

イ形 —— イ形容词（形容词）

ナ形 —— ナ形容词（形容动词）

他Ⅰ —— 他动词Ⅰ类动词

自Ⅱ —— 自动词Ⅱ类动词

⓪①②③④…… —— 单词声调

副 —— 副词

数 —— 数词

助 —— 助词

连体 —— 连体词

接 —— 接续词

寒暄 —— 寒暄语

助动 —— 助动词

目　录

第1課　レストランでお寿司を食べます ... 1
- 基本句型 ... 1
- 会话　何を食べますか ... 3
- 短文 ... 3
- 单词 ... 4
- 语法 ... 7
- 词语与用法说明 ... 16
- 练习 ... 18
- 补充单词 ... 23
- ☆**知识窗**　日本的新年和首次参拜 ... 25

第2課　昨日何をしましたか ... 26
- 基本句型 ... 26
- 会话　昨日何をしましたか ... 27
- 短文 ... 28
- 单词 ... 29
- 语法 ... 30
- 词语与用法说明 ... 34
- 练习 ... 35
- 补充单词 ... 41
- ☆**知识窗**　红白歌会 ... 42

第3課　ちょっと教えてください ················· 43
　　基本句型 ································ 43
　　会話　絵葉書をもらいました ············ 44
　　短文 ··································· 45
　　単語 ··································· 46
　　語法 ··································· 49
　　词语与用法说明 ························· 57
　　练习 ··································· 58
　　补充单词 ······························· 65
　　☆**知识窗**　日本的茶道 ················ 67

第4課　デパートへ買い物に行きませんか ········ 68
　　基本句型 ································ 68
　　会話　お土産を買いたいです ············ 70
　　短文 ··································· 71
　　単語 ··································· 72
　　語法 ··································· 73
　　词语与用法说明 ························· 79
　　练习 ··································· 81
　　补充单词 ······························· 85
　　☆**知识窗**　日本传统的体育项目——相扑 ····· 88

第5課　大きい声で話してはいけません ·········· 89
　　基本句型 ································ 89

会话　図書館のルールについて………………………90
　　短文……………………………………………………92
　　単词……………………………………………………92
　　语法……………………………………………………95
　　词语与用法说明………………………………………102
　　练习……………………………………………………104
　　补充单词………………………………………………108
　　　☆**知识窗**　日本的象征——富士山……………110

第6課　お酒を全部飲まなければなりません………111
　　基本句型………………………………………………111
　　会话　中日の文化や習慣が違います………………112
　　短文……………………………………………………113
　　单词……………………………………………………114
　　语法……………………………………………………116
　　词语与用法说明………………………………………121
　　练习……………………………………………………122
　　补充单词………………………………………………127
　　　☆**知识窗**　日本的传统艺术——歌舞伎………129

第7課　お寿司を食べたことがあります……………130
　　基本句型………………………………………………130
　　会话　日本へ行ったことがありますか……………131

短文 ··· 132

单词 ··· 132

语法 ··· 134

词语与用法说明 ································ 136

练习 ··· 137

补充单词 ·· 142

☆ **知识窗** 日本的中元节 ····················· 144

第8课 これは天安門で撮った写真です ········ 145

基本句型 ·· 145

会话 北京に行ってきました ················ 146

短文 ··· 147

单词 ··· 148

语法 ··· 149

词语与用法说明 ································ 152

练习 ··· 153

补充单词 ·· 159

☆ **知识窗** 鸟居 ································ 161

附录 ··· 163

附录1 单词表 ································ 165

附录2 语法和句型 ··························· 174

附录3 词语与用法说明 ····················· 176

附录4　课文参考译文 ························ 177

附录5　练习参考答案 ························ 184

附录6　模拟试题（一） ······················ 192

附录7　模拟试题（二） ······················ 197

附录8　模拟试题答案 ························ 202

附录9　日本的都道府县 ······················ 208

参考书目 ······································· 210

出场人物介绍

1. 張洋さん（男）は２１歳で、工業大学日本語学科の３年生です。

2. 周麗さん（女）は二十歳で、工業大学日本語学科の２年生です。

3. 清水尚子さん（女）は２４歳で、工業大学の留学生です。

4. 山田文博さん（男）は２５歳で、工業大学の留学生です。

5. 林泉さん（男）は２７歳で、工業大学の職員です。

出場人物

周 麗
しゅうれい

清水 尚子
しみず なおこ

張 洋
ちょうよう

山田 文博
やまだ ふみひろ

林 泉
りん せん

第1課　レストランでお寿司を食べます

基本句型

1. 張さんは毎日教室に行きます。
2. 周さんは図書館へ行きません。
3. 清水さんは、あまり図書館へ行きません。
4. 林さんはバスで大学へ行きます。
5. 山田さんは友達と一緒にご飯を食べます。
6. 清水さんは6時に料理を作りたいです。
7. 清水さんはテレビを見ながら家事をします。
8. 張さんは、カラオケで楽しく歌います。
9. 周さんは、字を上手に書きます。

例句

1. A：山田さんは週末いつも何を食べますか。

   B：お寿司を食べます。

   A：誰と食べますか。

B：日本人の友達と一緒に食べます。

2．A：周さんはこれから図書館に行きますか。

B：いいえ、行きません。寮に帰ります。

3．A：周さんは、普段、料理を作りますか。

B：いいえ、あまり作りません。

4．A：張さんは毎日どこで昼ご飯を食べますか。

B：いつも大学の食堂で食べます。

5．A：林さんは毎日何で大学に来ますか。

B：バスで来ます。20分ぐらいかかります。

6．A：土曜日は何をしたいですか。

B：携帯で音楽を聞きながら本を読みたいです。

7．A：先生、黒板の字が見えません。

B：分かりました。大きく書きますね。

8．A：明日、何をしますか。

B：部屋をきれいに掃除します。

第1課　レストランでお寿司を食べます

何を食べますか

清水：張さん、周さん、今日の晩ご飯は何を食べますか。

張　：わたしは大学の食堂に行きます。そこで餃子を食べたいです。

周　：今日は姉の誕生日ですから、家族と一緒にレストランに行きます。清水さんは？

清水：そうですね。普段、自分で料理を簡単に作ります。たまに友達と一緒に作ります。でも、今晩はわたしも餃子を食べたいです。

張　：わたしは5時に教室を出ます。

清水：じゃあ、一緒に行きましょう。

短文

今日は日曜日です。休日ですが、早く起きます。いつも6時半

に起きます。それから朝ご飯を食べながら、新聞を読みます。

午前は部屋の掃除をします。午後は留学生の友達と一緒にバスでデパートへ行きます。デパートで新しい靴を買いたいです。晩ご飯は地下1階のレストランでおいしいお寿司を食べます。週末はあまり料理を作りません。

8時ごろ寮に帰ります。日本語を勉強しませんが、日本語のドラマを楽しく見ます。そして、10時ごろ早く寝ます。

単　词

お寿司（おすし）②	[名]	寿司
食べる（たべる）②	[他Ⅱ]	吃
行く（いく）⓪	[自Ⅰ]	去，前往
一緒に（いっしょに）⓪	[副]	一起
ご飯（ごはん）①	[名]	饭，米饭
作る（つくる）②	[他Ⅰ]	作，造，制
見る（みる）①	[他Ⅱ]	看，观看
家事（かじ）①	[名]	家务
する⓪	[自他Ⅲ]	做；干

第1課　レストランでお寿司を食べます

カラオケ⓪	［名］	卡拉OK
歌う（うたう）⓪	［他Ⅰ］	唱
字（じ）①	［名］	字
書く（かく）①	［他Ⅰ］	写，书写；画
週末（しゅうまつ）⓪	［名］	周末
普段（ふだん）①	［副］	平时
昼ご飯（ひるごはん）③	［名］	午饭
来る（くる）①	［自Ⅲ］	来
かかる②	［自Ⅰ］	需要，花费（时间，金钱）
音楽（おんがく）①	［名］	音乐
聞く（きく）⓪	［他Ⅰ］	听
読む（よむ）①	［他Ⅰ］	读，阅读，看
黒板（こくばん）⓪	［名］	黑板
見える（みえる）②	［自Ⅱ］	看见，看得见
分かる（わかる）②	［自Ⅰ］	懂，会，明白；知道
掃除（そうじ）⓪	［名・他Ⅲ］	扫除，打扫

そこで ⓪	[接]	因此；于是
餃子（ぎょうざ）⓪	[名]	饺子
姉（あね）⓪	[名]	姐姐
家族（かぞく）①	[名]	家人
自分（じぶん）⓪	[名]	自己，自身
たまに ⓪	[副]	偶尔
今晩（こんばん）①	[名]	今晚
出る（でる）①	[自Ⅱ]	出；出发；离开；毕业
じゃあ ①	[接]	那么；再见
休日（きゅうじつ）⓪	[名]	假日，休息日
起きる（おきる）②	[自Ⅱ]	起，起来；起床
それから ⓪	[接]	然后；接着
朝ご飯（あさごはん）③	[名]	早饭
デパート [department store] ②	[名]	百货商店
靴（くつ）②	[名]	鞋子
買う（かう）⓪	[他Ⅰ]	买

地下（ちか）①	[名]	地下
～ごろ①	[接尾]	左右，大概
帰る（かえる）①	[自Ⅰ]	回，返回
ドラマ [drama]①	[名]	电视剧
そして⓪	[接]	然后；于是；而且
寝る（ねる）⓪	[自Ⅱ]	睡觉，就寝

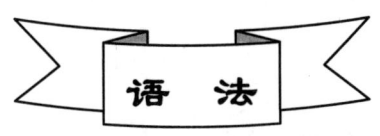

1. 动词的种类及活用形式"ます形"

（1）动词的种类

日语动词根据形态及活用方式的不同可分为三类：Ⅰ类动词（或称"五段活用动词"）、Ⅱ类动词（或称"一段活用动词"）、Ⅲ类动词（包括"サ变动词"和"カ变动词"）。

Ⅰ类动词：形态上的特点是其基本形的词尾以元音"u"结尾。

例如：書く、読む

Ⅱ类动词：形态上的特点是其基本形的词尾以"ru"结尾。

例如：見る、起きる

Ⅲ类动词：包括カ变动词"来る"和サ变动词"する"两个词。"する"可以单独使用，也可以接在一些音读的汉字词后面使用。

例如：電話する、勉強する

日语的动词按性质还可以分为自动词（相当于英语的不及物动词）和他动词（相当于英语的及物动词）两种。他动词通常要加助词"を"，表示动作、行为涉及的对象，自动词前一般不能加"を"（表示移动动作的自动词除外）。当然也有的动词兼有自他两种动词的性质。

○ わたしは毎日日本語を勉強する。（我每天学习日语。）
○ 授業中に携帯電話が鳴る。（上课时手机铃响。）

（2）动词的活用形式"ます形"

日语的动词有词尾变化。把动词的基本形（也称"辞典形"，即辞典列为词条的动词形式）变成动词的"ます形"构成动词的礼貌体,用来表达对听话人的尊敬,使说话的语气变得客气、礼貌、郑重，其否定形式是"～ません"。

日语的动词由基本形变成"ます形"的变化规则如下：

Ⅰ类动词：将词尾的ウ段假名变成イ段假名，然后接"ます"。

第1課　レストランでお寿司を食べます

読む→読み＋ます→読みます/読みません

行く→行き＋ます→行きます/行きません

買う→買い＋ます→買います/買いません

作る→作り＋ます→作ります/作りません

II类动词：去掉词尾"る"，然后接"ます"。

食べる→食べ＋ます→食べます/食べません

寝る→寝＋ます→寝ます/寝ません

起きる→起き＋ます→起きます/起きません

見る→見＋ます→見ます/見ません

III类动词：

来る：将"来る"变成"き"，然后接"ます"。

来る→来＋ます→来ます/来ません

する：将"する"变成"し"，然后接"ます"。

する→し＋ます→します/しません

勉強する→勉強し＋ます→勉強します/勉強しません

2．～へ行きます/来ます/帰ります

"へ"是助词，接在表示场所的名词后面，后续移动动词"行

きます""来ます""帰ります"等，表示其移动的方向。此时"へ"读作"え"。句型中的"へ"还可以换成"に"，表示移动到达的地点、目的地。

○ 林さんは中国へ行きます。　　　　　（小林去中国。）

○ 午後山田さんはこちらに来ます。（山田先生下午会过来。）

○ 来週の日曜日、山田さんは国へ帰ります。

（山田下周日要回国。）

3．を〈宾语或经由的场所等〉

（1）名＋を＋他动词（宾语）

助词"を"后续他动词，其前面的名词做他动词的宾语，表示动作、行为涉及的对象。

○ お父さんは毎日新聞を読みます。　（爸爸每天看报纸。）

○ あなたは朝、いつも何を食べますか。

（你早餐经常吃什么？）

（2）名＋を＋自动词（出发点、移动的场所）

助词"を"后续带有移动性的自动词时，表示离开、经过、移动的场所。常用的移动性自动词有"出る"（出去）、"散歩"（散

第1課　レストランでお寿司を食べます

歩）、"通る"（通过）、"歩く"（走）、"渡る"（渡，过）、"飛ぶ"（飞）等。

○ わたしは5時に教室を出ます。　（我5点钟离开教室。）

○ 王さんは去年大学を出ました。（小王去年大学毕业了。）

○ 毎日公園を散歩します。　　　　（每天在公园散步。）

4．で〈动作场所或手段〉

（1）接在表示场所的名词后面，表示动作进行的场所，译为"在"。

○ たまに寮で音楽を聞きます。　　（偶尔在宿舍听音乐。）

○ 清水さんはいつもレストランでお寿司を食べます。

（清水经常在饭店吃寿司。）

○ デパートで靴を買います。　　　（在商场买鞋。）

（2）接在表示交通工具或其他的名词后面，表示方法、手段。

○ わたしは毎日バスで会社へ行きます。

（我每天坐公交车去公司上班。）

○ 毎週の土曜日、自転車で図書館へ行きます。

（每周六骑自行车去图书馆。）

○ 張さんは携帯で音楽を聞きます。

（小张用手机听音乐。）

（3）接在"自分""一人""二人""みんな"等名词后，表示限定动作主体的数量或动作、作用的状态。

○ 普段、自分で料理を簡単に作ります。

（平时自己简单做点饭。）

○ 娘は一人で学校へ行きます。　（女儿一个人去学校。）

○ みんなで歌を歌います。　　　（大家一起唱歌。）

5．あまり～ません

副词"あまり"经常与否定的谓语形式相呼应，表示程度不高，相当于汉语的"不太……""不怎么……"。此句型已在上册第8课出现，本课中是与动词的否定形式相呼应。

○ 私はあまりレストランへ行きません。

（我不怎么去饭店吃饭。）

○ 周さんはあまりドラマを見ません。

（小周不怎么看电视剧。）

○ 張さんは普段あまり本を読みません。

（小张平时不太看书。）

6．と（一緒に）〈动作共同者〉

"と"是助词，接在表示人的名词后面，表示共同做某动作的人，即动作共同者。译为"和……一起"。常用"と一緒に"的形式。

○ 来週、（わたしは）友達と一緒に映画を見ます。

（下周我要和朋友一起去看电影。）

○ A：（あなたは）誰とご飯を食べますか。

（你要和谁一起去吃饭？）

B：（わたしは）姉とご飯を食べます。（和我姐姐吃饭。）

7．～たいです〈愿望〉

"たい"是助动词，接在动词"ます形"之后，表示说话人的愿望，相当于汉语的"我想……"，其变化形式与イ形容词相同。若"たい"前是他动词时，他动词所要求的助词"を"也可用"が"代替。

○ わたしは日本へ行きたいです。　　　（我想去日本。）
○ 新しい靴を（が）買いたいです。　　（我想买双新鞋。）
○ 餃子はあまり食べたくありません。（我不太想吃饺子。）

8. に〈时间〉

助词"に"接在时间名词后,表示动作行为发生的时间。

○ 王(おう)さんは7時(しちじ)に起(お)きます。　　　（小王7点起床。）

○ 陳(ちん)さんは夜何時(よるなんじ)に寝(ね)ますか。　（小陈晚上几点睡觉？）

叙述包含数字的时间时后续助词"に",如"3月4日(さんがつよっか)に""２０１９年(にせんじゅうきゅうねん)に",但"今日(きょう)""明日(あした)""毎日(まいにち)""来年(らいねん)"等词后不能加"に"。星期后一般加"に",如"日曜日(にちようび)に",但也可以不加。

9. ～ながら、～

"ながら"是助词,接在"ます形"之后,表示同一主体同时进行两个动作。相当于汉语的"一边……一边……"。

○ 私(わたし)はいつもテレビを見(み)ながら、ご飯(はん)を食(た)べます。

　　　　　　　　　　　　　（我总是边看电视边吃饭。）

○ 子供(こども)たちは歌(うた)を歌(うた)いながら歩(ある)きます。

　　　　　　　　　　　　　（孩子们一边唱歌，一边走路。）

○ 私(わたし)は音楽(おんがく)を聞(き)きながら、勉強(べんきょう)します。

　　　　　　　　　　　　　（我一边听音乐，一边学习。）

10. イ形容词词干＋く＋动词

イ形容词词干加"く"（参照上册第9课）做状语修饰动词，表示动作进行时的状态或动作的结果。

○ 夏休みを楽しく過ごします。　　　（愉快地过暑假。）
○ 字を大きく書きます。　　　　　　（把字写大一点。）
○ 料理をおいしく作ります。　　　　（把菜做好吃点。）

11. ナ形容词词干＋に＋动词

ナ形容词词干加"に"做状语修饰动词，表示动作进行时的状态或动作的结果。

○ 部屋をきれいに掃除します。　　　（把房间打扫干净。）
○ 料理を簡単に作ります。　　　　　（简单地做饭。）
○ 仮名を上手に書きます。　　　　　（假名写得很好。）

词语与用法说明

1. くらい/ぐらい

在表示数量的词后面加上助词"くらい"或"ぐらい",表示大概的数量。

○ バスで行きます。20分ぐらいかかります。

（坐巴士去。大概需要20分钟左右。）

○ 家から大学までどのぐらいかかりますか。

（从你家到学校需要多长时间？）

○ 日本語のクラスは１８人ぐらいいます。

（日语班有18人左右。）

2. 先生、黒板の字が見えません

此句的意思是"老师,我看不到黑板上的字"。"見えます/看到"或"見えません/看不到"的具体内容要用助词"が"来表示。

○ A：先生、黒板の字が見えません。

（老师,我看不到黑板上的字。）

B：分かりました。大きく書きますね。

（好的。我写大一点。）

第1課　レストランでお寿司を食べます

○　この部屋から富士山が見えます。

（从这个房间能看到富士山。）

3．じゃあ、一緒に行きましょう

此句意思是"那我们一起去吧"。"じゃあ"也可说"じゃ"，两种都是"では"的口语形式。"～ましょう"是"ます"的意志形，表示提议、建议。

○　一緒にビールを飲みましょう。　　（一起去喝啤酒吧。）

4．～ごろ

接尾词，接在表示时间的词语后面，表示大致的时间范围，译为"……左右"。"ごろ"后面可加"に"也可不加"に"。

○　8時ごろ寮に帰ります。　　　　　　（8点左右回宿舍。）
○　周さんはいつも7時ごろに起きます。

（小周一般是7点左右起床。）

一、完成下列表格。

	基本形	ます形	ます形的否定形
Ⅰ类动词	買う		
	書く		
	行く		
	作る		
	歌う		
Ⅱ类动词	食べる		
	見る		
	出る		
	起きる		
	寝る		
Ⅲ类动词	来る		
	する		
	掃除する		

第1課　レストランでお寿司を食べます

二、替換練習。

1．例：学校・行く

　　　　⇒　学校に行きます。／学校に行きません。

　　① 図書館・行く　　　　② 寮・帰る

　　③ 家・帰る　　　　　　④ 教室・来る

2．例：日本語・勉強する

　　　　⇒日本語を勉強します。／日本語を勉強しません。

　　① 散歩・する　　　　　② 日本語・書く

　　③ 料理・作る　　　　　④ ご飯・食べる

3．例：料理・作る　⇒あまり料理を作りません。

　　① 朝ご飯・食べる　　　② テレビ・見る

　　③ レストラン・行く　　④ 手紙・書く

4．例：スーパー・野菜・買う

　　　　⇒スーパーで野菜を買います。

　　① 食堂・昼ご飯・食べる　② 教室・宿題・書く

　　③ 図書館・本・読む　　　④ 映画館・映画・見る

5．例：果物・買う　⇒　果物を買いたいです。

　　① 朝ご飯・食べる　　　② テレビ・見る

　　③ 新聞・読む　　　　　④ 料理・作る

6．例：新聞・読む、コーヒー・飲む

　　⇒新聞を読みながら、コーヒーを飲みます。

① テレビ・見る、宿題・する

② 音楽・聞く、本・読む

③ 料理・作る、テレビ・見る

④ 携帯・見る、朝ご飯・食べる

7．例：わたし・友達・料理・作る

　　⇒わたしは、友達と料理を作ります。

① 周さん・張さん・宿題・する

② 清水さん、山田さん・学校・行く

③ 張さん・清水さん・映画・見る

④ 林さん・お父さん・朝ご飯・食べる

8．例：周さん・料理を作る、餃子

　　⇒A：周さんは、何の料理を作りますか。

　　　B：餃子を作ります。

① 張さん・映画を見る、日本語の映画

② 清水さん・絵を書く、果物の絵

③ 林さん・勉強をする、英語の勉強

④ 山田さん・本を読む、中国語の本

9．例：大きい・書く ⇒ 大きく書きます。

① 厳しい・教える　　　② おいしい・作る

③ 楽しい・歌う　　　　④ 安い・買う

10．例：上手・書く ⇒ 上手に書きます。

① 静か・勉強する　　　② にぎやか・歌う

③ きれい・食べる　　　④ 有名・なる

三、在括号内填入适当的词语完成句子。

例：山田さんは、図書館（　に　）行きます。

1．今晩、周さんは、食堂（　　　）晩ご飯を食べます。

2．夜は、餃子（　　　）作ります。

3．清水さんは、友達（　　）映画（　　　）見ます。

4．今日は、レストラン（　　　）お寿司（　　　）食べたいです。

5．音楽を聞き（　）（　）（　）、宿題をします。

6．日本語を楽し（　　）勉強します。

7．平仮名を上手（　　）書きます。

8．清水さんは、朝、あまり食べ（　　）（　　）（　　）。

四、参照例句完成句子。

例：A：今晩、どこでご飯を食べますか。

　　B：（食堂）食堂で食べます。

1．A：明日、どこで勉強しますか。

　　B：（寮）_____。

2．A：明日、映画館に行きますか。

　　B：（いいえ）_____。

3．A：どんな映画が見たいですか。

　　B：（日本の映画）_____。

4．A：誰と図書館へ行きますか。

　　B：（山田さん）_____。

5．A：日曜日、何で大学へ行きますか。

　　B：（自転車）_____。

6．A：張さんは、休みの日、何をしますか。

　　B：音楽を聞きながら、_____。

五、日译汉。

1．昼ご飯を食べながら、本を読みます。

2．朝早く学校へ行きます。

3．レストランでお寿司を食べます。

4．張さんは周さんと毎日一緒に勉強します。

六、汉译日。

1．小李，你乘坐什么去北京？

2．清水，你和谁去图书馆？

3．小李每天喝咖啡。

4．我想要看电影。

補充単語

毎朝（まいあさ）①	[名]	每天早上
授業中（じゅぎょうちゅう）⓪	[名]	上课时，正在上课
鳴る（なる）⓪	[自Ⅰ]	鸣，响；发出声音
毎週（まいしゅう）⓪	[名]	每周
自転車（じてんしゃ）②	[名]	自行车
娘（むすめ）③	[名]	女儿
一人（ひとり）②	[名]	一个人
陳（ちん）①	[专]	陈（姓氏）

歩く（あるく）②	[自Ⅰ] 走，步行
過ごす（すごす）②	[他Ⅰ] 过，度过
仮名（かな）⓪	[名] 假名
散歩（さんぽ）⓪	[名・自Ⅲ] 散步
富士山（ふじさん）①	[专] 富士山
ビール [bier] ①	[名] 啤酒
手紙（てがみ）⓪	[名] 信，书信
映画館（えいがかん）③	[名] 电影院
飲む（のむ）①	[他Ⅰ] 喝
お父さん（おとうさん）②	[名] 父亲
絵（え）①	[名] 画；图片
教える（おしえる）⓪	[他Ⅱ] 教；教导
なる①	[自Ⅰ] 成为，当；变成
平仮名（ひらがな）③	[名] 平假名
日（ひ）⓪	[名] 日，天；太阳；白天

知识窗

日本的新年和首次参拜

　　日本的新年（お正月^{しょうがつ}）和中国的春节一样，是日本最重要的节日，每年的12月29日至次年1月3日为日本新年假期。岁末，日本人家家户户门前都会摆放"門松^{かどまつ}"，以示新年开运，还要准备过年饭（おせち料理^{りょうり}）。12月31日除夕（大晦日^{おおみそか}）之夜，全家人聚在一起吃荞麦面条（年越^{としこ}しそば）。除夕钟声敲过后，日本人纷纷到神社、寺院参拜，祈求新的一年全家幸福平安，送走烦恼的旧年，迎来美好的新年，称此为"新年首次参拜"（初詣^{はつもう}で）。

第2課　昨日何をしましたか

基本句型

1. 張さんは学校に行きました。
2. 周さんは図書館へ行きませんでした。
3. 宿題は数学だけです。
4. 山田さんは刺身より天ぷらのほうが好きです。
5. 清水さんはパンとサラダしか食べません。
6. 周さんはこの本をほとんど読みました。
7. 日本語には、漢字がありますが、中国語ほど多くないです。

例句

1. A：昨日、張さんは何をしましたか。
   B：村上春樹の小説を読みました。
2. A：山田さんは図書館に行きましたか。
   B：いいえ、（図書館に）行きませんでした。病院へ行きました。

3．A：日本語は英語より簡単ですか。

　　B：いいえ、日本語は英語ほど簡単ではありません。

4．A：周さんの大学は、中国人の学生だけいますか。

　　B：はい、中国人の学生しかいません。

5．A：りんごとスイカとどちらが好きですか。

　　B：りんごよりスイカのほうが好きです。

6．A：張さん、レポートを書きましたか。

　　B：はい、ほとんど書きました。

7．A：清水さん、どうしましたか。顔色が悪いですね。

　　B：昨日の夜、ほとんど寝ませんでした。

昨日何をしましたか

清水：張さん、昨日図書館に行きましたか。

張　：いいえ、図書館に行きませんでした。

清水：では、昨日何をしましたか。

張　：本屋に行きました。そして、本を買いました。

清水：そうですか。本屋は図書館より本が多いですか。

張　：いいえ、図書館ほど多くないです。でも、本屋のほうが本が新しいです。

清水：いいですね。私も行きたいです。

短文

普段は、食堂で食べますが、昨日は食堂で食べませんでした。家へ帰りました。お母さんと一緒にスーパーへ買い物に行きました。そして、好きな料理を作りました。家のご飯は食堂のご飯よりおいしいです。肉、魚、野菜、果物などたくさん食べました。小さいとき、野菜があまり好きではありませんでした。野菜より肉のほうが好きでした。野菜はほとんど食べませんでした。今も肉が好きですが、野菜も食べます。これからも家で料理を作りたいです。

第2課　昨日何をしましたか

単　词

数学（すうがく）⓪	［名］	数学
天ぷら（てんぷら）⓪	［名］	（日式料理）天妇罗
方（ほう）①	［名］	方；方面；方向
パン①［pan］	［名］	面包
サラダ［salad］①	［名］	沙拉
ほとんど②	［副］	大概，几乎，差不多
漢字（かんじ）⓪	［名］	汉字
ある①	［自Ⅰ］	有，在；发生；举行
村上春樹（むらかみはるき）⑤	［专］	村上春树
小説（しょうせつ）⓪	［名］	小说
いる⓪	［自Ⅱ］	有，在
スイカ⓪	［名］	西瓜
レポート［report］②⓪	［名］	小论文，读书报告
では①	［接］	那么
お母さん（おかあさん）②	［名］	妈妈
買い物（かいもの）⓪	［名・自Ⅲ］	买东西

1．～は～ました／ませんでした

"ました"是"ます"的过去式，"ませんでした"是"ます"的过去否定式，它们分别表示肯定或否定地叙述过去的动作。

○ 張さんは昨日お酒を飲みました。　（小张昨天喝酒了。）

○ 昨日何をしましたか。　（昨天做了什么？）

○ 陳さんは昨日果物を買いませんでした。

（昨天小陈没有买水果。）

○ 李さんは先週休みませんでした。（小李上周没休息。）

2．～だけ〈限定〉

助词「だけ」可以接在名词或数量词后面，表示限定，相当于汉语的"只""仅"。

○ 宿題は数学だけです。　（只有数学作业。）

○ 私だけ家にいます。　（只有我一个人在家。）

○ 3つだけ食べました。　（只吃了3个。）

3．～は～より～〈比較〉

　　这个句型用于两者的比较。"より"是助词，表示比较的基准，相当于汉语的"……比……"。

　　○ 中国(ちゅうごく)は日本(にほん)より広(ひろ)いです。　　（中国比日本辽阔。）

　　○ 李(り)さんは清水(しみず)さんより若(わか)いです。　（小李比清水先生年轻。）

　　○ 母(はは)は父(ちち)より早(はや)く起(お)きます。　　　（妈妈比爸爸起得早。）

4．A：～と～と／の、どちらが～

　　B：(～より)～のほうが～　〈选择〉

　　这是表示选择的句型，A句型是问句，相当于汉语的"……和……相比，（哪个）……"，回答一般用B句型，意思是"与……相比，……更……"等。问句还可以使用"～と～のどちらが～"的说法。

　　○ A：りんごとスイカと、どちらが好(す)きですか。

　　　　　　　　　　　　　　　　（苹果与西瓜，哪个更喜欢？）

　　B1：りんごよりスイカのほうが好(す)きです。

　　　　　　　　　　　　　　　　（比起苹果，我更喜欢西瓜。）

　　B2：どちらも好(す)きです。　　　　　　（哪个都喜欢。）

○ A：日本語と英語のどちらが難しいですか。

（日语和英语，哪个难学？）

○ B：日本語のほうが難しいです。　　（还是日语难学。）

5．～しか～ません＜限定＞

"しか"是助词，接在表示数量、程度、范围及对象等的名词性词语后面对其加以限定及强调，与否定的谓语相呼应，表示肯定意义，表示数量之少或程度之低。译为"仅仅……""只……"。

○ 田中さんしか来ませんでした。　　（只有田中来了。）

○ 私は水しか飲みません。　　　　　（我只喝水。）

该句型与"～だけ＋肯定形式"的意思基本相同。两者的细微区别是"～だけ"只用来表示一种客观的限定，而"～しか～ません"带有一定的主观感情色彩。如下例中使用"～だけ"表示客观上还剩一半，而使用"～しか～ません"时，则有说话人主观上觉得还剩一半太少了的语感。

○ 半分だけあります。　　　　　　　（只有一半。）

○ 半分しかありません。　　　　　　（只剩一半。）

6．～ほど～否定〈程度〉

　　用于两者的比较，译为"……不如……"，句尾必须使用否定形式。"ほど"主要用来表示程度，而"より"用来表示比较的基准。

　　○ 王さんは李さんほど背が高くないです。

（小王没有小李高。）

　　○ 教室は図書館ほど静かではありません。

（教室不如图书馆安静。）

　　○ 日本語には、漢字がありますが、中国語ほど多くないです。

（日语中有汉字，但不像汉语那么多。）

7．～へ～に行きます/来ます

　　这是表示"来（去）哪里做什么"的句型，表示来去目的时使用。表示方向的助词"へ"在第一课中已出现过，助词"に"表示来去目的，目的部分可以是动词"ます形"或动词性名词。后续动词一般是"行きます""来ます""帰ります""戻ります"等表示移动的动词。

　　○ お母さんと一緒にスーパーへ買い物に行きました。

（和我母亲一起去购物了。）

　　○ レストランへ日本料理を食べに行きます。

（去餐厅吃日本料理。）

○ あなたはハルビンへ何をしに来ましたか。

（你来哈尔滨做什么？）

词语与用法说明

1．どうしましたか

"どうしましたか"表示在确定对方碰到了问题的前提下去询问相关情况，相当于汉语的"怎么了？"。

○ A：清水さん、どうしましたか。顔色が悪いですね。

（清水先生，你怎么了？脸色看起来不好。）

B：昨日の夜、ほとんど寝ませんでした。

（昨夜几乎没睡。）

2．ほとんど

副词，后面接动词的肯定形式时，意为"基本上""几乎"；后面与动词的否定形式呼应使用时，表示"基本上不……""几乎不……"。

○ 村上春樹の小説はほとんど読みました。

（村上春树的小说我几乎都看过了。）

○ 仕事はほとんど完成しました。　（基本上完工了。）

○ 昨日の夜、ほとんど寝ませんでした。

（昨晚几乎一夜没睡。）

第2課　昨日何をしましたか

一、完成下列表格。

	基本形	～ます	～ました	～ませんでした
Ⅰ类动词	買う			
	書く			
	行く			
	作る			
	話す			
Ⅱ类动词	食べる			
	見る			
	出る			
	起きる			
	寝る			
Ⅲ类动词	来る			
	する			

二、替换练习。

(一) 1. 例：野菜・買う ⇒ 野菜を買いました。

① 朝ご飯・食べる　　② 映画・見る

③ 宿題・する　　　　④ 餃子・作る

2. 例：テレビ・見る ⇒ テレビを見ませんでした。

① 学校・行く　　　　② ご飯・食べる

③ 音楽・聞く　　　　④ 本・読む

3. 日本語・英語・やさしい

⇒日本語より英語のほうがやさしいです。

① 肉・野菜・好き　　　② A寮・B寮・広い

③ 山田さん・清水さん・高い　④ 日本・中国・大きい

4. 例：日本語・英語・難しい

⇒日本語は、英語ほど難しくないです。

① この本・あの本・新しい

② 林さん・張さん・若い

③ 寿司・天ぷら・好き

④ コンビニ・スーパー・にぎやか

第2課　昨日何をしましたか

（二）1．例：A：昨日、何を食べましたか。

　　　　　B：（餃子）餃子しか食べませんでした。

　①　A：昨日、何を作りましたか。

　　　B：（サラダ）

　②　A：昨日、何を読みましたか。

　　　B：（漫画）

　③　A：昨日、何の歌を歌いましたか。

　　　B：（アニメの歌）

　④　A：昨日、何の音楽を聞きましたか。

　　　B：（アメリカの音楽）

2．例：A：この部屋には、何がありますか。

　　　　B：（机）机だけあります。

　①　A：あの教室には、何がありますか。

　　　B：（椅子）

　②　A：スーパーで何を買いましたか。

　　　B：（魚）

　③　A：いつ図書館に行きましたか。

　　　B：（土曜日）

④ A：朝ご飯は何を食べましたか。

　　B：（パン）

3．例：レポート・書く

　　⇒A：レポートを書きましたか。

　　　B：はい、ほとんど書きました。

① この本・読む　　　　② ご飯・作る

③ 日本語のＣＤ・聞く　　④ 餃子の材料・買う

4．例：スーパーへ行く・買い物をする

　　⇒スーパーへ買い物に行きます。

① 映画館へ行く・映画を見る

② 喫茶店へ行く・お茶を飲む

③ 友達の家に来る・ギョーザ（餃子）を食べる

④ 図書館に来る・勉強をする

三、在括号内填入适当的词语完成句子。

例：昨日の夜、山田さんは中国語（を）勉強しませんでした。

1．A：北京の冬は、寒いですか。

　　B：北京は、ハルビン（　　　）寒くないです。

2．A：北海道と東京の（　　　）が広いですか。

　　B：北海道の（　　　）が広いです。

3．周さんは、肉や魚を食べません。いつも野菜（　　　）食べません。

4．A：山田さんは宿題を全部しましたか。

　　B：いいえ、まだです。でも（　　　　）しました。

5．A：周さんは顔色が悪いですね。どうしましたか。

　　B：昨日、（　　　　）ご飯を食べませんでした。

6．果物は大好きです。でも、りんご（　　　）好きではありません。

四、参照例句完成句子。

例：A：昨日、映画館に行きましたか。

　　B：（いいえ）いいえ、行きませんでした。

1．A：昨日の夜、何をしましたか。

　　B：（音楽・聞きます）

2．A：朝ご飯は、何を食べましたか。

　　B：（パン・だけ）

3．A：ハルビンと長春とどちらが大きいですか。

　　B：（ハルビン・ほう）

4．A：日本の音楽と中国の音楽とどちらが好きですか。

　　B：（より）

5．A：昨日、図書館へ行きましたか。

　　B：（いいえ・友達・デパート）

6．A：日本とアメリカのアニメを見ましたか。

　　B：（いいえ、日本のアニメ・だけ）

五、日译汉。

1．日本語は、英語より難しいです。

2．りんごは、スイカほど高くないです。

3．林さんは、昼ご飯を食べませんでした。

4．山田さんは、昨日だけ図書館へ行きませんでした。

5．張さんは、ジブリ（吉卜力工作室）の映画をほとんど見ました。

6．清水さんは、英語の本しか読みません。

六、汉译日。

1．我昨天晚上9点睡的觉。

2．只有他来了。

3．北京的冬天没有哈尔滨的冬天那么冷。

4．几乎所有人都看过那部电影。

5．上星期，我到朋友家包饺子去了。

第2課 昨日何をしましたか

補充単語

休む（やすむ）②	[自Ⅰ]	休息；就寝；请假
お酒（おさけ）⓪	[名]	酒
若い（わかい）②	[イ形]	年轻的
水（みず）⓪	[名]	水
半分（はんぶん）③	[名]	一半，二分之一
背（せ）⓪	[名]	身高，个子
コンビニ [conveniencestore] ⓪	[名]	24小时便利店
アニメ [animation] ①	[名]	动画
材料（ざいりょう）③	[名]	材料，原料；素材
喫茶店（きっさてん）③	[名]	茶馆，咖啡馆
お茶（おちゃ）⓪	[名]	茶，茶叶
北海道（ほっかいどう）③	[专]	北海道
全部（ぜんぶ）①	[名]	全部，都
長春（ちょうしゅん）①	[专]	长春

知识窗

红白歌会

"红白歌会"（红白歌合戦<ruby>こうはくうたがっせん</ruby>）是日本广播协会每年在12月31日日本的除夕夜（大晦日<ruby>おおみそか</ruby>）通过NHK电视台向全国播放的文艺联欢节目，参赛者都是日本歌坛富有实力、受大众喜爱的歌手。演出形式分红队和白队，红队由女歌手组成，白队由男歌手们组成。红白歌会并非真正意义上的比赛，而是通过这种形式将日本歌坛的一些经典的及流行的歌曲介绍给广大观众的一台文艺晚会，它既给歌手们提供了展示的平台，也为日本新年增添了节日喜庆的气氛，深受日本民众的欢迎。

第3課　ちょっと教えてください

基本句型

1. ちょっと道を教えてください。
2. 張さんは今本を読んでいます。
3. 山田さんは林さんにペンを貸してあげました。
4. 林さんは山田さんにペンを貸してもらいました。
5. 清水さんは（私に）日本語を教えてくれました。
6. 清水さんだけでなく山田さんも学校を休みました。

例句

1. A：すみません。ちょっとペンを貸してください。

   B：はい、いいですよ。

2. A：今、張さんは何をしていますか。

   B：レポートを書いています。

3. 張さんは周さんに辞書をあげました。

   ⇒周さんは張さんに辞書をもらいました。

   ⇒張さんは（私に）辞書をくれました。

4．明日、清水さんは周さんに天ぷらを作ってあげます。

　周さんは、張さんに教科書を貸してもらいます。

　毎晩、お母さんは（私に）絵本を読んでくれます。

5．先週、（私は）先生の荷物を運んでさしあげました。

　（私は）先生に作文の書き方を教えていただきました。

　先生はいつも（私たちに）親切に教えてくださいます。

6．A：山田さんはお昼ご飯を食べましたか。

　B：はい、魚だけでなく野菜も食べました。

絵葉書をもらいました

清水：張さん、先週日本の友達に絵葉書をもらいました。

張　：いいですね。

清水：返事を書きたいですが、送り方が分かりません。

　　　ちょっと教えてください。

張　：いいですよ。絵葉書を持っていますか。

清水：持っています。さっき、留学生センターで絵葉書を
　　　もらいました。

張　：切手は？

清水：切手はまだ買っていません。

張　：今、切手を一枚持っています。清水さんにさしあげます。

清水：ありがとうございます。

張　：まず、友達の郵便番号と住所を書いてください。次に、
　　　絵葉書にメッセージを書いて、切手を貼ってください。
　　　最後に、郵便局に行ってください。郵便局の人が日本
　　　の友達に送ってくれますよ。

清水：そうですか。分かりました。本当にありがとうございました。

短文

昨日、張さんに絵葉書の送り方を教えてもらいました。本当に助かりました。昨日だけでなく、いつも張さんは私に親切にしてくれます。来週は張さんの誕生日です。張さんにプレゼントをあ

げたいですが、お金があまりありません。この前、妹にとても高いかばんを買ってあげました。アルバイトの給料もまだもらっていません。だから、お兄さんにお金を貸してもらいます。そして、張さんにかばんをプレゼントしたいです。

単　词

道（みち）⓪	[名]	路，道路
ペン（pen）①	[名]	笔
貸す（かす）⓪	[他Ⅰ]	借出，借给
あげる⓪	[他Ⅱ]	给（你）
もらう⓪	[他Ⅰ]	得到，收到
くれる⓪	[他Ⅱ]	给（我）
教科書（きょうかしょ）③	[名]	课本，教材
絵本（えほん）②	[名]	连环画
毎晩（まいばん）①⓪	[名]	每天晚上
荷物（にもつ）①	[名]	行李
運ぶ（はこぶ）⓪	[他Ⅰ]	搬运
さしあげる⓪	[他Ⅱ]	呈送，给（您）

第3課　ちょっと教えてください

作文（さくぶん）⓪	［名］	作文
書き方（かきかた）⓪	［名］	写法
いただく⓪	［他Ⅰ］	收到，拜领；吃，喝
親切（しんせつ）①	［ナ形］	好心，好意，热情
絵葉書（えはがき）②	［名］	明信片
返事（へんじ）③	［名・自Ⅲ］	回复，回信儿
送り方（おくりかた）⓪	［名］	寄送的方法
持つ（もつ）①	［他Ⅰ］	持，拿
さっき①	［副］	刚才
切手（きって）⓪	［名］	邮票
～枚（まい）⓪	［量］	张；件（衬衫）
まず①	［副］	首先
郵便番号（ゆうびんばんごう）⑤	［名］	邮政编码
住所（じゅうしょ）①	［名］	地址
次（つぎ）②	［名］	下一（个）；其次
メッセージ [message] ①	［名］	留言，口信
貼る（はる）⓪	［他Ⅰ］	贴，粘

最後（さいご）①	[名]	最后，最终
送る（おくる）⓪	[他Ⅰ]	送；寄；度过；送行
助かる（たすかる）③	[自Ⅰ]	有帮助，省事
プレゼント[present]②	[名・他Ⅲ]	礼物；送礼物
お金（おかね）⓪	[名]	钱
妹（いもうと）④	[名]	妹妹
アルバイト[albite]③	[名・自Ⅲ]	打工
給料（きゅうりょう）①	[名]	工资
だから①	[接]	所以
お兄さん（おにいさん）②	[名]	哥哥

第3課　ちょっと教えてください

1. 动词的活用形"て形"

本册第一课已经学习过动词的活用形"ます形"。本课中我们将学习动词的另一种活用形"て形"。

动词"て形"的变换方式是动词形式中最复杂的一种，具体规则如下：

（1）Ⅰ类动词

Ⅰ类动词接续"て"时，会发生一些变化（日语称为"音便（おんびん）"），其变化方式依据动词词尾的假名在哪一行而定。具体见"动词て形变化表"。

（2）Ⅱ类动词和Ⅲ类动词的"て形"与接"ます"的形式相同。

动词"て形"变化表

类别	基本形		て形
Ⅰ类动词	イ音便	書く	かいて
		泳ぐ	およいで
Ⅰ类动词	促音便	買う	かって
		待つ	まって
		帰る	かえって
		※行く	※いって
	拨音便	死ぬ	しんで
		遊ぶ	あそんで
		読む	よんで
		話す	はなして
Ⅱ类动词		食べる	たべて
		見る	みて
Ⅲ类动词		来る	きて
		する	して
		勉強する	勉強して

※"行く"属于例外,其"て形"是"行って"。

2．～てください

"动词て形＋ください"，用于请求或命令对方做某事时，相当于汉语的"请（你）……"。一般不对长辈或上级使用。

○ お名前をここに書いてください。（请在这里填写姓名。）
○ 単語を読んでください。　　　　（请朗读单词。）
○ ちょっと待ってください。　　　　　（请等一等。）

3．～ています〈动作正在进行或状态、习惯〉

（1）表示动作正在进行时，使用"动词て形＋います"，译为"正在……"。

○ 佐藤さんはコーヒーを飲んでいます。

（佐藤在喝咖啡。）

○ 張さんは今、テレビを見ています。

（小张现在正在看电视。）

○ 李さんは今、仕事をしています。　（小李正在工作。）

（2）"～ています"还有表示状态和习惯的用法。

○ A：張さん、絵葉書を持っていますか。〈状态〉

（小张你有明信片吗？）

B：はい、持っています。　　　　　　（有的。）

○ 毎日、２０の単語を覚えています。〈習慣〉

（每天坚持背20个单词。）

4．（1）～は～に～をあげます/さしあげます/やります

（2）～は～に～てあげます/てさしあげます/てやります

"あげます"是日语中表示授受关系的动词之一。句型（1）用于说话人或者说话人一方的人给他人某物品时。助词"に"表示给予的对象。"あげます"的对象是同辈或自家人，"さしあげます"的对象是长辈或上级，而"やります"的对象是晚辈或花草、宠物等。

○ 山田さんは林さんにペンをあげます。

（山田送给小林笔。）

○ 私たちは先生にお花をさしあげました。

（我们送花给了老师。）

○ 私は花に水をやりました。　　　　（我给花浇了水。）

句型（2）表示说话人或者说话人一方的人为他人做某事。谦虚程度由高到低依次为"～てさしあげます""～てあげます""～てやります"。

第3課　ちょっと教えてください

○ 山田さんは林さんにペンを貸してあげました。

（山田借给了小林笔。）

○ 母が子供に本を読んでやりました。

（妈妈念书给孩子听。）

○ 李さんはお年寄りの荷物を持ってさしあげました。

（小李帮老年人拿了行李。）

※ "～てあげます" "～てさしあげます" 有施恩于人之感，对地位高的或陌生人要慎用。

5．（1）～は～に/から～をもらいます/いただきます

　　（2）～は～に～てもらいます/ていただきます

"もらいます"是日语中表示授受关系的动词之一。句型（1）表示说话人或者说话人一方的人从他人那里得到某物品。"もらいます"用于从同辈或自家人那里得到物品时，而"いただきます"用于从长辈或上级那里得到物品时。

○ 林さんは山田さんにペンをもらいました。

（山田给了小林一支笔。）

○ 私（わたし）は山田先生（やまだせんせい）から写真（しゃしん）をいただきました。

（山田老师给了我照片。）

○ 母（はは）は清水（しみず）さんから本（ほん）をもらいました。

（清水给了妈妈一本书。）

句型（2）表示说话人或者说话人一方的人请他人为自己做某事的用法。请求对象用助词"に"，有时用助词"から"表示。"～ていただきます"比"～てもらいます"更谦虚。该句型有"说话人请别人做某事"以及"说话人承受了由于别人的动作而带来的恩惠"两种含义。主语为说话人时常常省略。

○ 林（りん）さんは山田（やまだ）さんにペンを貸（か）してもらいました。

（小林请山田借给了自己一支笔。）

○ 私（わたし）は李（り）さんにハルビンを案内（あんない）してもらいました。

（我请小李做向导带我游览了哈尔滨。）

○ 私（わたし）は田中（たなか）さんに図書館（としょかん）の電話番号（でんわばんごう）を教（おし）えてもらいました。

（我向田中请教了图书馆的电话号码。）

第3課　ちょっと教えてください

6．（1）～は～に～をくれます/くださいます
　（2）～は～に～てくれます/くださいます

　　"くれます"是日语中表示授受关系的动词之一。句型（1）表示他人给说话人或者说话人一方的人某物品。"くれます"用于给予者是同辈或晚辈时，而"くださいます"用于给予者是长辈或上级时。

　　○ 佐藤さんは（わたしに）地図をくれました。

（佐藤给了我一张地图。）

　　○ 李さんは妹にお菓子をくれました。

（小李给了妹妹点心。）

　　○ 王先生は（わたしに）辞書をくださいました。

（王老师给了我一本词典。）

　　句型（2）表示他人为说话人或者说话人一方的人做某事。"～てくださいます"比"～てくれます"尊敬。当行为的接受者是说话人的时候，表示接受者的"わたしに"一般省略。

　　○ 清水さんは（私に）日本語を教えてくれました。

（清水教了我日语。）

　　○ 母は（わたしに）朝ご飯を作ってくれました。

（妈妈给我做了早餐。）

○ 先生は（わたしに）作文を直してくださいました。

（老师为我修改了作文。）

7．〜だけでなく、〜も〜

这个句型表示"不仅……而且……"。在口语中还可以说成"〜だけじゃなく〜も〜"。

○ あの人は英語だけでなく、フランス語も上手です。

（他不但英语好，法语也不错。）

○ 日本語だけじゃなく、英語や数学も勉強しています。

（不仅学日语，还在学英语和数学。）

8．に〈対象或附着点〉

（1）助词"に"表示动作的对象。

○ 私は、母にきれいな花をあげました。

（我送给妈妈一束漂亮的花儿。）

○ 兄は弟に絵を教えます。　　　（哥哥教弟弟画画。）

○ 道で友達に会いました。　　　（路上遇见了朋友。）

（2）表示动词的附着点。

○ 絵葉書にメッセージを書きます。（在明信片上写留言。）

词语与用法说明

1. 送り方が分かりません

此句意思是"不知道如何邮寄"。"～方"前接动词"ます形",表示"……方法"之意。如"書き方""使い方"。

2. 量词"枚"

量词"～枚"的使用对象为薄平物品,例如:纸、盘子、邮票、衬衫等。

○ 今、切手を一枚持っています。　　（现在有一张邮票。）
○ 切手を何枚買いましたか。　　（买了多少张邮票？）
○ 私はクレジットカードを一枚しか持っていません。

（我只有一张信用卡。）

3. だから

"だから"是表示原因、理由的接续词,意思相当于汉语的"所以",其比较礼貌的说法是"ですから"。上册第9课我们讲过表示原因、理由的助词"から",接在前一个分句后,不能单独使用。而"だから"可以独立使用。

○ 妹は野菜が嫌いです。だから、あまり野菜を食べません。

　　　　　　　　（妹妹不喜欢蔬菜，所以不怎么吃。）

○ 明日は休みです。ですから、子供と動物園へ行きます。

　　　　　　　　（明天休息，所以我跟孩子去动物园。）

○ アルバイトの給料もまだもらっていません。だから、お兄さんにお金を貸してもらいます。

　　　　　　　　（打工的工资也还没有领到，所以想向哥哥借钱。）

一、完成下列表格。

	基本形	て形	基本形	て形
Ⅰ类动词	買う		読む	
	待つ		遊ぶ	
	書く		消す	
	泳ぐ		話す	

第3課　ちょっと教えてください

	基本形	て形	基本形	て形
Ⅱ类动词	食(た)べる		起(お)きる	
	見(み)る		寝(ね)る	
Ⅲ类动词	来(く)る		する	

二、替换练习。

1．例：教科書(きょうかしょ)・読(よ)む ⇒ <u>教科書を読んでください。</u>

　①野菜(やさい)・買(か)う　　　②日本語(にほんご)・話(はな)す

　③英語(えいご)・教(おし)える　　④料理(りょうり)・作(つく)る

2．例：教科書(きょうかしょ)・読(よ)む ⇒ <u>教科書を読んでいます。</u>

　①料理(りょうり)・作(つく)る　　②日本語の歌(にほんごのうた)・歌(うた)う

　③音楽(おんがく)・聞(き)く　　　④英語(えいご)・勉強(べんきょう)する

3．例：張(ちょう)さん・りんご ⇒ <u>私(わたし)は張(ちょう)さんにりんごをあげます。</u>

　①清水(しみず)さん・辞書(じしょ)　②弟(おとうと)・鞄(かばん)

　③山田(やまだ)さん・ノート　　　④妹(いもうと)・映画(えいが)のチケット

4．例：張(ちょう)さん・りんご

　⇒ <u>私(わたし)は張(ちょう)さんにりんごをもらいました。</u>

　①周(しゅう)さん・餃子(ぎょうざ)　②清水(しみず)さん・手紙(てがみ)

③ お母さん・靴　　　　　④ お兄さん・絵本

5．例：張さん・りんご　⇒ 張さんは私にりんごをくれました。

① お父さん・本　　　　　② 清水さん・雑誌

③ 周さん・辞書　　　　　④ 山田さん・切手

6．例：周さんは張さんにノートをあげます。

　　⇒（もらう）張さんは周さんにノートをもらいます。

① 清水さんは周さんにりんごをあげます。

　　⇒（もらう）

② 子供はお母さんにマンガをもらいます。

　　⇒（あげる）

③ 林さんは山田さんに辞書をあげます。

　　⇒（もらう）

④ 弟はお姉さんに鞄をもらいます。

　　⇒（あげる）

⑤ 私は清水さんにペンをもらいます。

　　⇒（くれる）

⑥ お兄さんは私に靴をくれます。

　　⇒（もらう）

7. 例：日本語・教える

　　⇒私は清水さんに日本語を教えてもらいます。

　① 日本語・書く　　　② お寿司・作る

　③ 荷物・運ぶ　　　　④ 東京・案内する

8. 例：日本語・教える

　　⇒私は周さんに日本語を教えてあげます。

　① 本・読む　　　　　② ジュース・買う

　③ ペン・貸す　　　　④ 英語の歌・歌う

9. 例：中国語・教える

　　⇒周さんは私に中国語を教えてくれます。

　① 中国語の本・貸す　② 教科書・読む

　③ 新しい歌・歌う　　④ 餃子・作る

10. 例：清水さんは周さんに日本語を教えてあげます。

　　⇒（もらう）

　　　周さんは清水さんに日本語を教えてもらいます。

　① 山田さんは清水さんに本を貸してあげます。

　　⇒（もらう）

　② 周さんは林さんに新しい店を教えてあげます。

⇒（もらう）

③ 清水さんは張さんに餃子を作ってもらいます。

⇒（あげる）

④ 張さんは清水さんに地図を書いてもらいます。

⇒（あげる）

⑤ 私は周さんに荷物を運んでもらいます。

⇒（くれる）

⑥ 私はお父さんに朝ごはんを作ってもらいます。

⇒（くれる）

11. 例：日本語・教える

⇒私は先生に日本語を教えていただきます。

① 教科書・読む　　② レストラン・来る

③ 漢字・書く　　　④ 餃子・食べる

12. 例：新しい歌・教える

⇒私は先生に新しい歌を教えてさしあげます。

① 地図・書く　　　② 荷物・運ぶ

③ 部屋・掃除する　④ 鞄・持つ

13. 例：日本語・教える

⇒先生は私に日本語を教えてくださいます。

① 日本の歌・歌う　② 新しいレストラン・教える

③ 寿司・作る　④ 手紙・書く

14. 例：肉・野菜・食べます

　　　⇒肉だけでなく、野菜も食べます。

① 英語・日本語・勉強する

② 肉・魚・買う

③ 中国の歌・日本の歌・歌う

④ 中国料理・日本料理・作る

15. 例：道・教える　⇒　道を教えてください。

① レポート・早く書く　② 郵便局・行く

③ レストラン・食べる　④ 友達・話す

三、参照例句完成句子。

例：A：張さんの誕生日に何をあげましたか。

　　B：（本）本をあげました。

1．A：清水さんは、先週何をもらいましたか。

　　B：（きれいな花）＿＿＿＿＿＿＿＿＿＿＿＿＿＿＿＿。

2．A：山田さんに何を教えてもらいましたか。

　　B：（日本の歌）＿＿＿＿＿＿＿＿＿＿＿＿＿＿＿＿。

3．A：先生に何をしてさしあげましたか。

　　B：（レストランの住所・書きます）＿＿＿＿＿＿。

4．A：清水さんは何の食べ物が好きですか。

　　B：（肉・魚）＿＿＿＿＿＿＿＿＿＿＿＿＿＿＿。

5．A：あのレストランは、どうですか。

　　B：（おいしい、高い）＿＿＿＿＿＿＿＿＿＿＿。

四、日译汉。

1．周さんは山田さんに中国語の本をあげました。

2．清水さんは果物をくれました。

3．お母さんは子供に毎晩、絵本を読んであげます。

4．私は先生に日本の歌を教えていただきました。

5．私は今アルバイトの給料はまだもらっていません。

五、汉译日。

1．请看黑板。

2．小李送给了清水什么礼物？

3．清水从小李那儿收到了什么礼物？

4．小王帮我搬了行李。

5．不仅是今天，明天也要去图书馆。

第3課　ちょっと教えてください

📖✏ 補充単語

名前（なまえ）⓪	［名］	名字
単語（たんご）⓪	［名］	単詞
待つ（まつ）①	［他Ⅰ］	等待
花（はな）②	［名］	花
覚える（おぼえる）③	［他Ⅱ］	记住，记得
やる⓪	［他Ⅰ］	给；做；派遣
お年寄り（おとしより）④	［名］	老人
写真（しゃしん）⓪	［名］	照片
母（はは）①	［名］	母亲
案内（あんない）③	［名・他Ⅲ］	引导，向导；导游
地図（ちず）①	［名］	地图
直す（なおす）②	［他Ⅰ］	改正
フランス（France）⓪	［名］	法国
会う（あう）①	［自Ⅰ］	遇见；见面
クレジットカード [credit card] ⑥	［名］	信用卡

動物園（どうぶつえん）④	［名］	动物园
チケット［ticket］②	［名］	票
大学生活（だいがくせいかつ）⑤	［名］	大学生活
中国料理（ちゅうごくりょうり）⑤	［名］	中国菜
話す（はなす）②	［他Ⅰ］	说话
お姉さん（おねえさん）②	［名］	姐姐
ジュース［juice］①	［名］	果汁

知识窗

日本的茶道

中国的唐宋时期（日本平安时代），遣唐使将中国的种茶、制茶等技术带回日本，后来慢慢形成了茶道（茶道<ruby>さどう</ruby>）。真正意义上的茶道是在16世纪初，由战国时期的千利修（千利休<ruby>せんのりきゅう</ruby>）完成的，茶道的"四则七规"也是由他提出并沿用至今的。其中"四则"指的是"和、敬、清、寂"，这也被认为是茶道精神所在。

日本茶道融入了"禅"的思想，讲究"一期一会<ruby>いちごいちえ</ruby>"，即每次茶事之会，实为一生一度之会，主人客人要珍惜能够一同饮茶的缘分，以诚相交。

茶道的主要代表流派有表千家、里千家、武者小路千家。

第4課 デパートへ買い物に行きませんか

基本句型

1. 清水さんはお土産を買いたいので、周さんを誘いました。
2. 周さん、一緒にデパートへ買い物に行きませんか。
3. 買い物はどこのデパートがいいでしょうか。
4. 遠大デパートはハルビンで、一番大きくて品物も豊富です。
5. 清水さんたちはお土産を買ってから、お茶を飲みました。

例句

1. A：山田さん、週末に映画を見に行きませんか。

   B1：ええ、行きましょう。

   B2：行きたいですけど、来週試験がありますから……

第4課　デパートへ買い物に行きませんか

2．A：夏休みに何をしますか。

　　B：友達と海へ遊びに行きたいと思います。

3．A：二人で、日本のアニメを見ましょうか。

　　B：はい、そうしましょう。

4．A：ジュースやお茶などがありますけど、何にしますか。

　　B1：そうですね。わたしはお茶にします。

　　B2：そうですね。ジュースをお願いします。

5．A：遠大デパートは品物が豊富なので、外国人もよく利用しますよ。

　　B：そうですか。

6．A：来週試験があるので、ちょっと心配です。

　　B：大丈夫でしょう。頑張ってください。

7．A：陳さん、昨日、授業に出ませんでしたね。

　　B：ええ、頭が痛かったので、学校を休みました。

（清水打电话邀请小周一起去商店买礼物。）

お土産を買いたいです

清水：もしもし、周さん、今晩は。清水ですけど。

周　：ああ、清水さん、今晩は。

清水：周さん、ちょっとお願いがあります。明日、お時間ありますか。

周　：ええ、暇ですけど。どうしましたか。

清水：あのう、お土産を買いたいので、一緒にデパートへ買い物に行きませんか。

周　：買い物ですか。いいですね。ちょうど私もショッピングをしたいと思っていました。

清水：そうですか。よかったです。どこのデパートがいいでしょうか。

周　：そうですね。遠大デパートはハルビンで、一番大きくて品物も豊富ですから、そこにしましょうか。

清水：はい、そうしましょう。

周　：明日、10時に大学の正門前で会いましょう。

清水：はい、分かりました。明日、よろしくお願いします。

　　　じゃあ、お休みなさい。

周　：お休みなさい。

短文

　清水さんはお土産を買いたいので、友達の周さんを電話で誘いました。次の日に、二人で一緒にハルビンで一番大きい遠大デパートへ買い物に行きました。遠大デパートは品物が豊富なので、中国人だけでなく、外国人もよく利用します。清水さんたちはお土産を買ってから、デパートの近くの喫茶店でお茶を飲みながら、おしゃべりをしました。楽しい一日でした。

単 词

お土産（おみやげ）⓪	[名]	特产，礼品
誘う（さそう）②	[他Ⅰ]	邀请；劝诱
遠大デパート（えんだいデパート）④	[专]	远大百货商场
品物（しなもの）⓪	[名]	物品，商品
豊富（ほうふ）⓪	[名・ナ形]	丰富
二人（ふたり）③	[名]	两个人；一对
よく①	[副]	好好地；非常，十分
利用（りよう）⓪	[名・他Ⅲ]	利用
心配（しんぱい）⓪	[名・ナ形・他Ⅲ]	担心，不安
頑張る（がんばる）③	[他Ⅰ]	坚持；加油；努力
頭（あたま）⓪	[名]	头，头部
痛い（いたい）②	[形]	疼的；痛苦的
もしもし①	[感]	（打电话）喂
今晩は（こんばんは）⓪	[寒暄]	晚上好
お願い（おねがい）⓪	[名]	请求；拜托

第4課　デパートへ買い物に行きませんか

ちょうど⓪	［副］	正；正好；刚
ショッピング①［shopping］	［名・他Ⅲ］	买东西
思う（おもう）②	［他Ⅰ］	想，思考；认为
正門前（せいもんまえ）⓪	［名］	正门前面
お休みなさい（おやすみなさい）⓪	［寒暄］	晚安
おしゃべり②	［名］	闲聊，聊天儿；健谈
日（ひ）⓪	［名］	（一）天；太阳

1．日语的敬体与简体（1）

日语分为敬体（礼貌体）与简体（普通体）两种。在语言交际中，使用敬体还是简体要视说话者与听话者的亲疏关系而定。一般在正式场合或对初次见面的人、上司、长辈及不熟悉的人使用敬体，反之则使用简体。书信、演讲多用敬体，论文、报告等书面文章则多用简体。

敬体与简体对照表 1

敬　体	简　体
周さんは２年生です。	周さんは２年生だ。
これは日本のお茶ではありません。	これは日本のお茶ではない。
ここは学校でした。	ここは学校だった。
昨日は雨ではありませんでした。	昨日は雨ではなかった。
あれはあなたのノートでしょう。	あれはあなたのノートだろう。
毎日忙しいです。	毎日忙しい。
昨日は忙しかったです。	昨日は忙しかった。
今、忙しくないです。 今、忙しくありません。	今、忙しくない。
先週は忙しくなかったです。 先週は忙しくありませんでした。	先週は忙しくなかった。
野球が好きです。	野球が好きだ。
野球が好きでした。	野球が好きだった。
野球が好きではありません。	野球が好きではない。
野球が好きではありませんでした。	野球が好きではなかった。
コーヒーを飲みます。	コーヒーを飲む。

第4課　デパートへ買い物に行きませんか

敬　体	简　体
掃除をしています。	掃除をしている。
買い物をしたいです。	買い物をしたい。

2．～ませんか／ましょうか〈建议〉

本册第1课出现的"～ましょう"表示说话人的意志。这里"～ませんか／ましょうか"同样是"ます"的活用形式，这个句式表示向对方提建议或征求意见，相当于汉语的"……吧""……好吗"，比"～ましょう"语气更委婉。

○ A：遠大デパートは大きいですから、そこにしましょうか。

（远大商场很大，我们就去那里好吗？）

B：はい、そうしましょう。　　（好啊，就去那里吧。）

○ A：近くの喫茶店でお茶を飲みませんか。

（我们在附近的咖啡屋喝点茶怎么样？）

B：いいですね。そうしましょう。（好主意啊，我们去吧。）

○ A：明日のコンパは陳さんも誘いましょうか。

（明天的聚会我们也约上小陈吧。）

B：いいですよ。そうしましょう。　　（好啊，同意。）

3．〜でしょうか〈委婉〉

"でしょうか"是"ですか"的委婉表达方式。
- 清水さん、こちらの留学生活はどうでしょうか。

（清水，这里的留学生活怎么样啊？）
- 昨日のパーティーは楽しかったでしょうか。

（昨天的联欢会玩儿得开心吗？）

4．で〈限定范围〉

助词"で"接在名词后表示限定范围，相当于汉语的"在……"等意思，经常与助词"は"叠加使用，加以强调。
- 遠大デパートはハルビンで一番大きいです。

（远大商场在哈尔滨最大。）
- このクラスでは山田さんだけが留学生です。

（这个班级只有山田一人是留学生。）
- 中国は世界で最も人口が多い国です。

（中国是世界上人口最多的国家。）

5．〜にします〈决定或选择〉

此句式接在名词后面，表示决定或选择。相当于汉语的"决

定……""要……"等意思，有时不译出。
○ 遠大デパートは品物も豊富ですから、そこにしましょうか。

（远大商场经营品种丰富，我们去那儿购物吧。）
○ コーヒーや飲み物などがありますが、張さん、何にしますか。

（这儿有咖啡、饮料等，小张，你喝点什么？）
○ A：旅行の日はいつにしましたか。

（旅行定在什么时候了？）

B：来週の土曜日にしました。　　（定在下周六了。）

6．ので＜原因、理由＞

"ので"是表示原因、理由的接续助词，一般接简体后（口语里有时也可接在敬体后），形容词以接名词的形式接"ので"，如"高いので""静かなので"，名词接"ので"时，需加"な"，如"風邪なので"。相当于汉语的"因为……，所以……""由于……所以……"。
○ 清水さんはお土産を買いたいので、周さんを誘いました。

（清水因为想买特产，所以邀请了小周。）
○ 昨日、風邪なので、学校を休みました。

（昨天因为感冒，没有去学校。）

○ 暑いので、窓を開けました。

（因为热，所以开了窗。）

○ 友達が来るので、空港へ迎えに行きます。

（因为朋友来了，所以去机场迎接。）

7．～てから＜順序＞

"てから"接在动词"て形"后，表示先后顺序，译为"先……然后……""……之后，……"。

○ 清水さんたちはお土産を買ってから、お茶を飲みました。

（清水他们买了特产之后，又喝了茶。）

○ A：今すぐショッピングに行きましょうか。

（我们现在就去购物吧。）

B：いいえ、宿題をしてから行きましょう。

（不，先写作业，然后再去吧。）

○ タクシーを降りてから、地下鉄に乗り換えます。

（先坐出租车，后换乘地铁。）

第4課　デパートへ買い物に行きませんか

词语与用法说明

1．もしもし

"もしもし"是感叹词，多用于接打电话时的称呼或应答，相当于汉语的"喂"。

○ もしもし、周さん、今晩は。清水ですけど。

（喂，小周晚上好！我是清水。）

2．お時間ありますか

日语口语里，有些助词常常被省略。这里省略了助词"が"。

○ 佐藤さん、今、お時間ありますか。忙しくないでしょうか。

（佐藤，现在有时间吗？不忙吧？）

3．ちょうど私もショッピングをしたいと思っていました

句型"〜たいと思う"意思是"我想……"，"思っていました"表示在过去的一段时间里一直想，助词"と"表示引用。这句话的意思是"正好我也一直想购物呢"。

○ 自分で料理を作りたいと思っています。

（我一直想自己独立做饭。）

4. そうですね

不知如何回答时经常使用的表达方式，表示在思考，相当于汉语的"嗯……"之意，发音时用降调。

○ A：なぜお母さんは心配してくれませんか。

（为什么妈妈不担心你呢？）

B：そうですね。私は大きくなりましたから。

（嗯……，那是因为我已经长大了。）

5. 遠大デパートは品物が豊富なので、外国人もよく利用しますよ

此句意思是"远大商场经营品种繁多，所以外国人也经常去那里购物啊"。其中"よ"是终助词，用于句尾，表示主张、提示、叮嘱等。

第4課　デパートへ買い物に行きませんか

练　习

一、替换练习。

1．例：スーパーへ行く・買い物をする

　　　　⇒スーパーへ買い物に行きます。

　① 映画館へ行く・映画を見る

　② 喫茶店へ行く・お茶を飲む

　③ 友達の家へ行く・ギョーザを食べる

　④ 教室に来る・勉強をする

2．例：喫茶店でお茶を飲む⇒喫茶店でお茶を飲みましょうか。

　　　　　　　　　　　　　⇒喫茶店でお茶を飲みませんか。

　① この店でお土産を買う

　② 自転車で行く

　③ 暑いですから、冷たいジュースを飲む

　④ 海へ遊びに行く

3．例：昨日のパーティー・楽しい

⇒A：昨日のパーティーは楽しかったでしょうか。

　B：はい、楽しかったです。

① 遠大デパート・大きい

② その店のギョーザ・おいしい

③ 新しいパソコン・買いたい

④ 日本のアニメ・面白い

4．例：買い物をしたいです・これからスーパーへ行きます。

⇒買い物をしたいので、これからスーパーへ行きます。

① 図書館は静かです・よくここで勉強します

② 昨日頭が痛かったです・授業に出ませんでした

③ 今日は日曜日です・休みです

④ 来年、日本へ留学に行きます・一生懸命勉強しています

5．例：遠大デパート・ハルビン・大きい

⇒遠大デパートはハルビンで一番大きいです。

① 中国・世界・人口が多い

② 陳さん・このクラス・背が高い

③ 田中さん・学校・成績がいい

④ このアルバイト・近く・時給が高い

6．例：旅行の日・いつ・土曜日

　　　⇒A：旅行の日はいつにしますか。

　　　　B：土曜日にします。

① 飲み物・何・ジュース　　　② お土産・何・お茶

③ パーティーの場所・どこ・家　④ お酒・何・ビール

7．例：お土産を買う・お茶を飲む

　　　⇒お土産を買ってから、お茶を飲みます。

① 宿題をする・ショッピングをする

② 仕事が終わる・居酒屋へ飲みに行く

③ 電話をかける・家を出る

④ レポートを書く・寝る

二、在（　）内填入适当的词语完成会话。

例：A：辞書を買いたいと思いますが、どこがいいでしょうか。

　　B：（そうですね）。大学の本屋はどうでしょうか。

1．A：李さん、明日10時に寮の前で会いましょうか。

　　B：（　　　）。

2．A：お客さん、何にしますか。

　　B：そうですね。ビールを（　　　）。

3．A：昨日のコンパに行きましたね。（　　　　　）。

　　B：はい、とても楽しかったです。

4．A：遠大デパートは大きいですね。

　　B：（　　　）。ハルビンでは一番大きいですよ。

5．A：李さん、タクシーで帰りましょうか。

　　B：ええ、（　　　）。

6．A：李さん、アニメはもう始まりましたよ。一緒に見ませんか。

　　B：すみません。（　　　）……。

三、参照例句完成句子。

例：周さん・に・行きます・映画・は・見・を

　　⇒周さんは映画を見に行きます。

1．お姉さん・授業・を・塾・聞き・へ・は・に・行きました

2．自転車・買いませんか・を・新しい

3．忙しかった・最近・でしょうか・仕事・ちょっと・は

第4課　デパートへ買い物に行きませんか

4．最近・たくさん・ありました・が・で・の・ここ・交通事故・は

5．に・カレーライス・は・します・今日

6．から・晩ご飯・帰って・を・から・学校・食べました

四、汉译日。

1．妈妈没去便利店买东西。

2．周末我们一起去书店吧。

3．东京很繁华吧？

4．这是附近最大的公园了。

5．旅行的地点就定在大阪吧。（大阪）

6．打扫完家里，再去商场吧。

补充单词

コンパ［company］①　　　　［名］　　联欢会；茶话会

留学生活（りゅうがくせいかつ）⑤

　　　　　　　　　　　　　　［名］　　留学生活

世界（せかい）①　　　　　　［名］　　世界

最も（もっとも）③	[副]	最
人口（じんこう）⓪	[名]	人口
国（くに）⓪	[名]	国家
窓（まど）①	[名]	窗子
開ける（あける）⓪	[他Ⅱ]	打开，推开
空港（くうこう）⓪	[名]	机场
迎える（むかえる）⓪	[他Ⅱ]	迎接
すぐ①	[副]	马上，立刻
タクシー[taxi]①	[名]	出租车
降りる（おりる）②	[自Ⅱ]	下来；降落
地下鉄（ちかてつ）⓪	[名]	地铁
乗り換える（のりかえる）④	[他Ⅱ]	换乘
なぜ①	[副]	为何，为什么
冷たい（つめたい）③	[イ形]	冷的，凉的
遊ぶ（あそぶ）⓪	[自Ⅰ]	玩耍，游玩
一生懸命（いっしょうけんめい）⑤	[名・ナ形]	拼命地，努力地
時給（じきゅう）⓪	[名]	计时工资

第4課　デパートへ買い物に行きませんか

場所（ばしょ）⓪	［名］	地方；场所
終わる（おわる）⓪	［自・他Ⅰ］	结束；完毕
電話をかける⓪＋②	［短語］	打电话
始まる（はじまる）⓪	［自Ⅰ］	开始；发生
塾（じゅく）①	［名］	私塾，校外补习班
交通事故（こうつうじこ）⑤	［名］	车祸，交通事故
カレーライス④	［名］	咖喱饭

知识窗

日本传统的体育项目 —— 相扑

　　相扑（相撲[すもう]）是在中国唐朝时传到日本的，后来成为日本的国技，深受日本民众的喜爱。相扑精神体现了日本人的国民性，其精髓即"礼"贯穿于始终（礼[れい]に始[はじ]まって、礼[れい]に終[お]わる）。因此，在相扑界里存在着严格的等级制度。

　　相扑竞技是在直径为4.55米的圆形赛台（土俵[どひょう]）内进行。赛前，力士要漱口、往台上撒盐以示驱邪、净身、祈求平安，赛后力士要相互鞠躬（お辞儀[じぎ]）以表敬意。

　　日本每年要举办6次大相扑比赛，每次为期15天，1月（初場所[はつばしょ]）、5月（夏場所[なつばしょ]）、9月（秋場所[あきばしょ]）的比赛在东京，3月（春場所[はるばしょ]）、7月（名古屋場所[なごやばしょ]）、11月（九州場所[きゅうしゅうばしょ]）的比赛分别在大阪、名古屋、福冈。

　　相扑选手按比赛成绩分为十个等级，最高级别是横纲（横綱[よこづな]），以下依次还有大关、关肋、小结、平幕、前头、十两、幕下、三段、序二段、序之口。

第5課　大きい声で話してはいけません

基本句型

1. 図書館で勉強したり、部屋を掃除したりします。
2. 音楽を聞きながら、勉強するのが大好きです。
3. 張さんは音楽を聞きながら勉強することができます。
4. 工業大学の図書館に入ってもいいですか。
5. 大きい声で話してはいけません。

例句

1. A：休みの日は、いつも何をしますか。

   B：そうですね。勉強したり、掃除をしたりします。

2. A：私はご飯を食べながら、テレビを見るのが好きです。

   B：そうですか。ながら族ですね。

3. A：今、インターネットでいろいろな情報を調べることができますね。

B：そうですね。便利ですね。

4．A：山田さん、この漢字の意味が分かりますか。

　　B：いいえ、よく分かりません。

5．A：寮にはどんなルールがありますか。

　　B：タバコを吸ってはいけないとか…

6．A：本を持ち帰ってもいいですか。

　　B：いいえ、持ち帰ってはいけません。

7．A：ここで食事をしてもいいですか。

　　B：すみません、ちょっと…

（张洋、山田正在校园里聊天）

図書館のルールについて

山田：張さん、授業のない日は、いつも何をしますか。

張　：そうですね。図書館で勉強したり、部屋を掃除したりします。

第5課　大きい声で話してはいけません

山田：そうですか。音楽とか聞きませんか。

張　：聞きますよ。音楽を聞きながら勉強するのが大好きです。

山田：えっ、そうなんですか。張さんも音楽を聞きながら勉強することができるのですか。ながら族ですね。

張　：ええ、まあ…（笑い）。

（两个人路过图书馆）

山田：ここは大学の図書館ですね。中に入ってもいいですか。

張　：すみません、ちょっと…。工業大学の学生カードが必要なので…。

山田：そうですか。わかりました。ところで、図書館には、どんなルールがありますか。

張　：たくさんありますよ。例えば、大きい声で話してはいけないとか、廊下を走ってはいけないとか、床にゴミを捨ててはいけないなどです。

山田：日本の大学の図書館とだいたい同じですね。

張　：それだけでなく、ほかにもありますよ。飲食をしたりタバコを吸ったりしてはいけません。それでは、明日許可をもらって、案内しましょうか。

山田：本当ですか。ありがとうございます。じゃ、お言葉に甘えて。

　張さんと山田さんは、キャンパスで大学生活について話しています。二人ともながら族で、音楽を聞きながら、勉強するのが好きです。張さんは、山田さんに工業大学の図書館のルールについて紹介しました。例えば、勝手にゴミを捨てたり、飲食をしたりタバコを吸ったりしてはいけないなどです。山田さんは、張さんの紹介を聞いて、工業大学の図書館のルールが分かりました。明日張さんが山田さんに図書館を案内してあげる予定です。

単　詞

入る（はいる）①	[自Ⅰ]	进入
声（こえ）①	[名]	声音
ながら族（ながらぞく）③	[名]	一心二用的人
インターネット [internet] ⑤	[名]	因特网
情報（じょうほう）⓪	[名]	信息，情报
調べる（しらべる）③	[他Ⅱ]	调查；检查，查找

第5課　大きい声で話してはいけません

できる②	[自Ⅱ]	做好，做完
意味（いみ）①	[名・自Ⅲ]	意思；意义
ルール [rule] ①	[名]	规则，章程
タバコ [tabaco 煙草] ⓪	[名]	香烟
吸う（すう）⓪	[他Ⅰ]	吸，吸入，吸收
持ち帰る（もちかえる）⓪	[他Ⅰ]	带回，拿回
食事（しょくじ）⓪	[名・自Ⅲ]	饭，事物；吃饭
えっ①	[感]	啊，怎么
まあ①	[副・感]	先，暂且；还可以，还算；哎，嘿
笑い（わらい）⓪	[名]	笑；嘲笑，冷笑
学生カード [がくせい card] ⑤	[名]	学生卡，学生证
必要（ひつよう）⓪	[名・ナ形]	必需，需要
ところで③	[接]	可是
例えば（たとえば）②	[副]	比如，例如
廊下（ろうか）⓪	[名]	走廊，廊下
走る（はしる）②	[自Ⅰ]	跑；行驶
床（ゆか）⓪	[名]	地板

ゴミ②	[名]	垃圾
捨てる（すてる）⓪	[他Ⅱ]	扔，扔掉，抛弃
大体（だいたい）⓪	[名・副]	大体，大概，
ほか⓪	[名]	其他，以外
飲食（いんしょく）⓪	[名・自Ⅲ]	饮食，吃或喝
許可（きょか）①	[名・他Ⅲ]	允许，批准，许可
本当（ほんとう）⓪	[名・ナ形]	真的；的确；本来
お言葉に甘えて（おことばにあまえて）⓪	[短语]	承蒙您的盛情
キャンパス［campus］①	[名]	大学校园
～とも①	[接尾]	一起，都；一共
紹介（しょうかい）⓪	[名・他Ⅲ]	介绍
勝手（かって）⓪	[ナ形]	任意，随便
予定（よてい）⓪	[名・他Ⅲ]	预定

第5課　大きい声で話してはいけません

1．动词的活用形式"た形"

动词的活用形"た形"即动词的简体过去时，其变化规则与"て形"相同，表示完了或过去的意思。

动词"た形"变化表

类别		基本形	た形
Ⅰ类动词	イ音便	歩く	あるいた
		泳ぐ	およいだ
	促音便	言う	いった
		待つ	まった
		ある	あった
		※行く	※いった
	拨音便	死ぬ	しんだ
		遊ぶ	あそんだ
		読む	よんだ
		話す	はなした

类别	基本形	た形
Ⅱ类动词	起きる	おきた
	寝る	ねた
Ⅲ类动词	来る	きた
	する	した
	勉強する	勉強した

○ 今日、わたしは花を買った。　　（我今天买了鲜花。）

○ 今朝、6時に起きた。　　（今天早上六点起的床。）

○ 昨日、友達と公園に行った。　　（昨天和朋友去公园了。）

2．〜たり〜たりします

"たり"是助词，接动词"た形"，也可以接イ形容词、ナ形容词以及名词。该句型表示列举两个或两个以上的动作或状态，也可以表示动作或状态的反复交替发生或出现。相当于汉语的"又……又……"，"或……或……"，"有时……有时……"，"时而……时而……"。

○ A：清水さん、休みの日に何をしますか。

（清水，休息日你一般做些什么？）

B：だいたい、ビデオを見たり音楽を聞いたりします。

（我通常看看影碟，或听听音乐什么的。）

○ あの人は同じ所を行ったり来たりしています。

（那个人一直在同一个地方走来走去。）

○ 日曜日は、散歩だったり、買い物だったりして、過ごします。

（星期天一般是散步啊，或者买东西什么的。）

○ 問題は簡単だったり、難しかったりします。

（问题时而简单，时而难。）

3．形式名词"の"和"こと"

"の"和"こと"前接动词简体，具有使动词名词化的作用，但基本没有实际意义，只起着语法作用。较多情况下两者都可以使用，但有时只能用"の"或只能用"こと"。

○ 日本語を勉強するの（こと）は難しいです。

（学日语很难。）

○ あなたは英語で手紙を書くことができますか。

（你会用英语写信吗？）

○ 張さんは音楽を聞きながら勉強するの(こと)が大好きです。

（小张最喜欢边听音乐边学习。）

○ 佐藤さんの趣味は野球をすることです。

（佐藤的爱好是打棒球。）

4．～（こと）ができます

该句型表示能力或可能，前接名词或动词基本形加形式名词"こと"。译为"可以……""能……""会……"。

○ 私は日本語ができませんから、アルバイトをしません。

（我因为不懂日语，所以不打工。）

○ 私は日本語で手紙を書くことができます。

（我会用日语写信。）

5．～がわかります

动词"分かる"用于对人或事物的了解，通常译为"明白……""知道……""懂……"，其对象语要用"が"表示。

○ A：今、インターネットでいろいろな情報を調べることができますね。

（现在，通过网络可以查到各种信息。）

B：そうですね。便利ですね。

（是啊，真是方便啊！）

○ A：山田さん、この漢字の意味が分かりますか。

（山田，这个汉字是什么意思，你知道吗？）

B：いいえ、よく分かりません。　　　（不太清楚。）

6．～てもいいです＜許可＞

该句型接在动词的"て形"后面，表示许可，相当于汉语的"允许……""可以……"。

○ A：工業大学の図書館に入ってもいいですか。

（可以进入工业大学的图书馆吗？）

B：すみません、ちょっと…。

（对不起，不能进入的。）

○ A：この本を借りてもいいですか。（我可以借这本书吗？）

B：はい、どうぞ。　　　　　　　　（可以的，借吧。）

7．～てはいけません＜禁止＞

该句型接在动词"て形"后，表示禁止、不允许做某事，还可以使用"动词て形＋てはだめです"的形式，相当于汉语的"不可以……""不许……"。注意此句型不能用于长辈或陌生人。

○ 図書館では、大きい声で話したり廊下を走ったりしてはいけません。（在图书馆，禁止大声喧哗或在走廊奔跑。）

○ A：部屋でタバコを吸ってもいいですか。

（可以在房间里吸烟吗？）

B1：いいえ、吸ってはいけません。

B2：いいえ、いけません。　　　（不，不许吸烟。）

○ 子供はジュースをたくさん飲んではいけません。

（孩子不允许多喝饮料。）

8．とか〈选择・举例〉

助词"とか"表示选择、举例，连接两个或两个以上的词语，接名词或活用词的简体，相当于汉语的"……啦""……啦"，"……呀""……呀"。

○ 図書館にはたくさんのルールがあります。例えば、大きい声で話してはいけないとか、廊下を走ってはいけないとか、床にゴミを捨ててはいけないなどです。

（图书馆有很多规章条例。比如，不要大声说话啦，不要在走廊奔跑啦，不要在地上扔垃圾等等。）

○ 肉とか野菜とか果物とか、いっぱい買いました。

（肉呀菜呀水果呀，买了很多。）

9. ～について

该句型相当于汉语的"关于……""有关……"。

○ 張さんと山田さんは、キャンパスで学校生活について話しています。

（小张和山田正在校园里谈论着有关学校生活的事情。）

○ 今回の交通事故について説明してください。

（请就这次交通事故说明一下吧。）

○ 日本の経済について研究しています。

（正在就日本经济问题进行研究。）

10. ～予定です

前接动词基本形，表示计划，相当于汉语的"计划……""准备……"。

○ 冬休みに、日本へ旅行に行く予定です。

（计划寒假去日本旅游。）

○ 明日 張さんが山田さんに図書館を案内してあげる予定です。

（明天小张准备带山田参观图书馆。）

词语与用法说明

1. 授業のない日

日语里表示动作、作用的主体一般用助词"が",但在连体修饰语(主谓结构的句子修饰名词)中"が"通常被替换成"の"。"ない"是"ありません"的简体形式。"授業のない日"意思是"没有课的日子""没有课的那天"。

○ 桜の咲く頃　　　　　　　　　　　　（樱花开的时节）
○ これは清水さんがこの間友達に買ってあげたお土産です。

　　　　　　　　　　　　（这是清水最近买给朋友的礼物。）

※ 第二个例句中,由于助词"が"与被修饰的名词"お土産"之间句子成分较多,为避免误解,此时还是使用"が"为好。

2. そうなんですか

这是"そうですか"的强调形式,"ん"是助词"の"的口语形式,相当于汉语的"是吗?"。

○ A：先週風邪で会社を一週間休みました。

　　　　　　　　　　（上个星期我因感冒,一个星期没上班。）

　　B：そうなんですか。　　　　　　　　　　（是嘛。）

3．張さんも音楽を聞きながら勉強することができるのですか

"～のです"（口语中使用"～んです"）用于说明情况，解释前文所叙述的事情或当时的情况的理由或原因。用于疑问句时，要求对方予以说明、解释。此句意思是"小张你也可以边听音乐边学习啊？"

○ 昨日は学校を休みました。頭が痛かったのです。

（昨天没上学，因为头痛。）

4．ところで

接续词，用于转移话题，可根据前后句意思灵活翻译，也可不必译出。

○ 昨日カラオケで、本当に楽しくて、いっぱい歌いましたね。ところで、明日の試験の準備はもう終わりましたか。

（昨天的卡拉OK真开心，唱了好多歌儿啊！话说，明天的考试你准备好了吗？）

5．それでは、明日(あしたきょか)許可をもらって、案内(あんない)しましょうか。

　　动词"て形"还有表示中顿、动作先后顺序或因果关系的用法。

　　此句意思是"那我明天申请许可后带你去好吗"。

一、完成下列表格。

基本形	ます形	た形
行(い)く	行(い)きます	行(い)った
	食(た)べます	
読(よ)む		
		勉強(べんきょう)した
話(はな)す		
	歩(ある)きます	
来(く)る		
買(か)う		

第5課　大きい声で話してはいけません

二、替换练习。

1．例：きのう・友達と公園に行く

　　　　⇒きのう、友達と<u>公園に行った</u>。

　①　きのう・日本の有名な天ぷらを食べる
　②　朝・この店でお土産を買う
　③　最近・ここではたくさんの交通事故がある
　④　去年の冬休み・旅行に行く

2．例：ビデオを見る・音楽を聞く

　　　　⇒休みの日には、<u>ビデオを見たり音楽を聞いたり</u>するのが好きです。

　①　勉強する・音楽を聞く
　②　お茶を飲む・本を読む
　③　映画を見る・散歩する
　④　公園に行く・友達に会う

3．例：日本語・手紙・書く

　　　　⇒私は<u>日本語で手紙を書く</u>ことができます。

　①　一人・暮らす　　　　　②　料理・作る
　③　日本語・教える　　　　④　英語・発表する

4．例：花・買う⇒わたしは花を買ってもいいですか。

① 図書館・入る　　　　② 公園・散歩・行く

③ タバコ・吸う　　　　④ この本・借りる

⑤ 中国語・質問する　　⑥ 明日のコンパ・来る

5．例：大きい声・話す⇒大きい声で話してはいけません。

① 本・見る　　　　　　② 廊下・走る

③ 床・ゴミ・捨てる　　④ 辞書・調べる

⑤ 授業中・大きい声・笑う

⑥ ジュース・たくさん飲む

6．例：肉・野菜・果物・買う

⇒肉とか野菜とか果物とか買いました。

① リンゴ・スイカ・食べる

② 小説・教科書・買う

③ 洗濯・掃除・する

④ 先生・学生・会社員・いる

7．例：大学生活・話す⇒大学生活について話します。

① 交通事故・説明する

② 日本文化・調べる

③ 好きなテーマ・発表する

④ 中国の経済・研究する

8．例：冬休み・日本・行く⇒冬休み日本に行く予定です。

① 週末・餃子・作る　　② 明日・ラーメン・食べる

③ 来週・北京・旅行する　④ 来年・留学・行く

三、参照例句完成句子。

例：公園・昨日・行った・に

⇒昨日公園に行った。

1．日本・経済・文化・いろいろ・とか・説明する・とか・の

2．近く・です・を・の・案内して・いい・か・大学・もらっても

3．図書館・声・話してはいけない・で・大きい・では

4．暇・したり・ちょっとを・な・仕事・休んだり・最近・ので・しています

四、汉译日。

1．不好意思，我可以借一下你的书吗？

2．我计划下周和朋友一起去北京旅游。

3．你会说日语吗？

4．现在正在就日本的经济问题进行研究。

5．禁止随地扔垃圾。

6．A：这里只有这些（これら）书吗？

B：不，不止这些，还有别的书。

7．我的爱好是集邮（切手(きって)を集(あつ)める）。

补充单词

ビデオ［video］①	［名］	录像，影像
趣味（しゅみ）①	［名］	趣味，爱好
借りる（かりる）⓪	［他Ⅱ］	借；借用
どうぞ①	［副］	请
いっぱい⓪	［副］	一杯；满；全部
今回（こんかい）①	［名］	此次，这回
説明（せつめい）⓪	［名・他Ⅲ］	说明
経済（けいざい）①	［名］	经济
研究（けんきゅう）⓪	［名・他Ⅲ］	研究，钻研
可愛い（かわいい）③	［イ形］	可爱的
家庭（かてい）⓪	［名］	家庭
桜（さくら）⓪	［名］	樱花

第 5 課　大きい声で話してはいけません

咲く（さく）⓪	［自Ⅰ］	（花）开
頃（ころ）①	［名］	时候，时期
一週間（いっしゅうかん）③	［名］	一周
準備（じゅんび）①	［名・他Ⅲ］	准备
暮らす（くらす）⓪	［自Ⅰ］	生活
発表（はっぴょう）⓪	［名・他Ⅲ］	发表
質問（しつもん）⓪	［名・自Ⅲ］	问题；提问
笑う（わらう）③	［自Ⅰ］	笑
洗濯（せんたく）⓪	［名・他Ⅲ］	洗衣服
日本文化（にほんぶんか）④	［名］	日本文化
テーマ［thema］①	［名］	题目
留学（りゅうがく）⓪	［名・自Ⅲ］	留学

知识窗

日本的象征 —— 富士山

富士山（富士山(ふじさん)）横跨日本静冈县和山梨县，在东京西南方约80千米，为日本国内最高峰，海拔3 776米。富士山被日本人民誉为"圣岳"，是日本民族的象征。富士山是世界上最大的活火山之一，目前处于休眠状态。

2013年，富士山被列入《世界遗产名录》，从而成为日本的第17处世界遗产。

第6課　お酒を全部飲まなければなりません

基本句型

> 1. 靴を脱がなくてもいいです。
> 2. もう帰らなければなりません。
> 3. 大きい声を出さないでください。

例句

1. A：日本では、乾杯するとき、全部お酒を飲まなければなりませんか。

   B：いいえ、全部飲まなくてもいいです。

2. A：レポートの締め切りは、いつですか。

   B：来週の金曜日までに出さなければなりません。

3. A：すみません、お皿を割ってしまいました。

   B：大丈夫です。気にしないでください。

4. A：「智能手机」は日本語で何と言いますか。

   B：「スマートフォン」と言います。

中日(ちゅうにち)の文化(ぶんか)や習慣(しゅうかん)が違(ちが)います

（周丽、山田正在教室里讨论中日文化习惯的话题）

周(しゅう)：中国(ちゅうごく)と日本(にほん)は同(おな)じアジアですけど、文化(ぶんか)や習慣(しゅうかん)は違(ちが)いますね。

山田(やまだ)：そうですね。日本(にほん)では、食事(しょくじ)のとき、みんなで「いただきます」と言(い)います。そして、食事(しょくじ)の終(お)わりに「ごちそうさまでした」と言(い)います。中国(ちゅうごく)では、どちらの言葉(ことば)も言(い)いませんよね。

周(しゅう)：そうですね。言(い)わないですね。それから、中国(ちゅうごく)で「乾杯(かんぱい)」と言(い)ったとき、その人(ひと)はお酒(さけ)を全部(ぜんぶ)飲(の)まなければなりません。しかし、日本(にほん)では全部(ぜんぶ)飲(の)まなくてもいいですよね。

山田(やまだ)：そうですね。日本(にほん)では「乾杯(かんぱい)」は「みんなで一緒(いっしょ)にお酒(さけ)を飲(の)みましょう」の意味(いみ)ですから。

周(しゅう)：そうですか。それと、麺類(めんるい)を食(た)べる時(とき)、中国(ちゅうごく)では音(おと)を

第6課　お酒を全部飲まなければなりません

　　　立ててはいけませんが、日本では音を立てて食べても
　　　いいと聞きました。本当ですか。
山田：そうですよ。その方が、より美味しく食べられるんです。
周　：なるほど。すみません、山田さん。これからアルバイ
　　　トがありますから、もう行かなければなりません。ま
　　　た今度ゆっくり話しましょう。
山田：分かりました。気にしないでください。では、また今度。

短文

　中国と日本は隣国ですが、文化や習慣が違います。食事のとき、日本では、みんなで「いただきます」と言います。そして、食事の終わりに「ごちそうさまでした」と言います。しかし、中国では、どちらの言葉も言いません。麺類を食べる時、中国では音を立ててはいけません。しかし、日本では音を立てて食べてもいいです。その方が、よりおいしく食べられます。また、中国で「乾杯」と言った時、その人はお酒を全部飲まなければなり

ません。日本では、「乾杯」は「みんなで一緒にお酒を飲みましょう」の意味です。食事をするときは、お互いの文化に気をつけなければなりません。

単　词

脱ぐ（ぬぐ）①	[他Ⅰ]	脱；摘掉
出す（だす）①	[他Ⅰ]	出；拿出
乾杯（かんぱい）⓪	[名・他Ⅲ]	干杯
締め切り（しめきり）⓪	[名]	（日期）截止
お皿（おさら）⓪	[名]	盘子
割る（わる）⓪	[他Ⅰ]	切，割，打破
気にする（きにする）⓪+⓪	[短语]	介意，在乎
言う（いう）⓪	[他Ⅰ]	说，讲
中日（ちゅうにち）①	[名]	中日
文化（ぶんか）①	[名]	文化
習慣（しゅうかん）⓪	[名]	习惯
アジア [Asia] ①	[专]	亚洲
違う（ちがう）⓪	[自Ⅰ]	不同；错误

第6課　お酒を全部飲まなければなりません

終わり（おわり）⓪	［名］	终了，结局
ごちそう様（ごちそうさま）⓪	［寒暄］	多谢款待
麺類（めんるい）①	［名］	面条类
音を立てる（おとをたてる）②+②	［短语］	发出声响
より⓪	［副］	更，更加
なるほど⓪	［副・感］	诚然，的确；原来如此
また②	［副］	又，再
今度（こんど）①	［名］	这次；下次
ゆっくり③	［副］	慢慢，不着急
隣国（りんごく）⓪	［名］	邻国，邻邦
言葉（ことば）⓪	［名］	话，词，语言
お互い（おたがい）⓪	［名］	彼此，互相
気をつける（きをつける）⓪+②	［短语］	小心，注意

1. 动词的活用形式"ない形"

与动词的敬体否定形式"～ません"相对应的动词的简体否定形式即"ない形",其变换规则如下:

① Ⅰ类动词:把词尾"う"段的假名变成该行的"あ"段假名,然后再接表示否定的"ない"。

買う → 買わ+ない → 買わない

書く → 書か+ない → 書かない

泳ぐ → 泳が+ない → 泳がない

話す → 話さ+ない → 話さない

帰る → 帰ら+ない → 帰らない

※ "ある"的简体否定形式是"ない",而非"あらない"。

② Ⅱ类动词:将词尾"る"去掉,再接续"ない"。

着る → 着+ない → 着ない

集める → 集め+ない → 集めない

③ Ⅲ类动词

する → し＋ない → しない

掃除(そうじ)する → 掃除(そうじ)し＋ない → 掃除(そうじ)しない

来(く)る → 来(こ)＋ない → 来(こ)ない

※ "ない"的过去式是"なかった"。

○ わたしはあまりお酒(さけ)を飲(の)まない。

（我不怎么喝酒。）

○ このクラスには男(おとこ)の学生(がくせい)が3人(さんにん)しかいない。

（这个班级里只有三名男生。）

○ 今朝(けさ)、学校(がっこう)が早(はや)かったので、朝食(ちょうしょく)を食(た)べなかった。

（今天早上因为要很早去学校，所以没有吃早饭。）

2．日语的敬体与简体（2）

在本册第4课里介绍了部分日语中敬体和简体的相关知识。下面继续介绍一下其他有关日语动词的敬体与简体形式。

敬 体	简 体
図書館(としょかん)から本(ほん)を借(か)ります。	図書館(としょかん)から本(ほん)を借(か)りる。
わたしはお酒(さけ)を飲(の)みません。	わたしはお酒(さけ)を飲(の)まない。
今朝(けさ)パンとミルクを食(た)べました。	今朝(けさ)パンとミルクを食(た)べた。
昨日(きのう)のコンパに出(で)ませんでした。	昨日(きのう)のコンパに出(で)なかった。

3．～なければなりません

这是表达必须、有义务做某事的句型。接动词时要接"ない形"后，译为"必须……"。

○ レポートは来週の金曜日までに出さなければなりません。

（报告下周五之前必须提交。）

○ 乾杯のとき、お酒を全部飲まなければなりません。

（干杯时，必须把酒全部喝完。）

○ 子供：お母さん、外へ遊びに行ってもいいですか。

（妈妈，我可以去外边玩吗？）

母　：明日、試験があるから、遊んではいけません。よく復習しなければなりませんよ。

（你明天有考试，所以不许玩儿。必须要好好复习哦。）

4．～なくてもいいです

此句型是"～てもいいです"的否定形式，接动词"ない形"，表示不做某事也可以或没必要做某事。

○ お酒は全部飲まなくてもいいです。

（酒不全部喝完也可以。）

○ A：部屋に入るとき、靴を脱がなければなりませんか。

（进入屋内必须要脱鞋吗？）

　B：いいえ、脱がなくてもいいです。

（不，不脱鞋也可以。）

○ 明日は残業しなくてもいいです。（明天不加班也可以。）

5．～ないでください

　　此句型是"～てください"的否定形式，接动词"ない形"，意思是"请不要……""请勿……"。与"～てください"一样，不能用于长辈、上级或陌生人。

○ 気にしないでください。　　　　　　（请不要介意。）
○ 大きい声を出さないでください。　　（请勿大声喧哗。）
○ この部屋には入らないでください。

（请不要进入这个房间。）

6．～とき（に）

　　这是复句中表示时间从句的句型，意思是"……的时候"等。

○ 子供のとき（小さいとき）、大きな地震がありました。

（在我小的时候，发生过大地震。）

○ 暇なとき、よく映画を見に行きます。

（闲暇时常去看电影。）

○ 乾杯するとき、全部お酒を飲まなければなりませんか。

（干杯的时候，酒要全部喝完吗？）

○ 京都に行ったとき、古いお寺を見ました。

（去京都的时候，看到了古老的寺庙。）

7．と〈引用〉

这里的助词"と" 表示引用，常接 "言う" " 聞く"等动词。

○ 日本では、食事のとき、みんなで「いただきます」と言います。

（在日本，吃饭的时候，大家都会说"那我不客气了"。）

○ 彼は明日のパーティーに来ないと言いました。

（他说明天的聚会他不来了。）

○ あのレストランの料理がおいしいと聞きました。

（听说那家餐厅的菜很好吃。）

8．〜てしまう

"动词て形＋しまう"一般表示动作完了或该动作所产生的结果是令人不愉快的、无法挽回的消极结果。

○ すみません、お皿を割っててしまいました。

（对不起，我不小心打碎了盘子。）

○ わたしは1日でこの小説を読んでしまいました。

（我用了一天就全部读完了这部小说。）

词语与用法说明

1．来週の金曜日までに出さなければなりません

"までに"表示动作的截止时间或最后期限。该句意思是"下周五前必须提交"。

○ 明日の朝は9時までにここへ来てください。

（明天早上九点之前请来我这里。）

○ 私が帰るまでに家にいてください。

（在我回到家之前请你待在家里。）

2．その方が、より美味しく食べられるんです

该句意思是"这样，才能吃得更香"。此句中的"られる"与另一助动词"れる"同是日语中表示可能的助动词，相当于汉语的"能……""会……"等意思。如"読まれる（読める）""見られる""来られる"。

○ 清水さんは英語が話せます。

（清水先生会说英语。）

○ 私は朝早く起きられません。

（我每天早晨都无法起得早。）

一、完成下列表格。

1.

基本形	ます形	て形	た形	ない形
	行きます			
				食べない
飲む				
		呼んで		
	帰ります			
			掃除した	
		起きて		
	来ます			

2.

敬体	簡体
先週は忙しくありませんでした。	
	野球が好きではなかった。
あの女の人はきれいではありません。	
	大学時代に彼の成績はトップだった。
夏休みの旅行は楽しくありませんでした。	

第6課　お酒を全部飲まなければなりません

二、仿照例句替换划线部分进行练习。

1．例：お酒を全部飲む

　　⇒お酒を全部飲まなければなりません。

　　① 中国へ電話をかける　　② 図書館の本を返す

　　③ 今日早く帰る　　④ 部屋をきれいにする

2．例：靴を脱ぐ⇒靴を脱がなくてもいいです。

　　① お皿を洗う　　② 名前を書く

　　③ テレビを消す　　④ レポートを書く

3．例：気にする⇒気にしないでください。

　　① 試験のとき、本を見る　　② 音を立てる

　　③ 食事の前に薬を飲む　　④ 窓を開ける

三、仿照例句替换划线部分练习会话。

1．例：家に帰る

　　⇒　A：もう家に帰ってもいいですか。

　　　　B：いいえ、まだ帰らないでください。

　　① ご飯を食べる　　② お酒を飲む

　　③ ゲームをやる　　④ お風呂に入る

2．例：薬を飲む

　　⇒A：薬を飲まなくてもいいですか。

　　　B：いいえ、飲まなければなりません。

　① 病院へ行く　　　　　② ここにいる

　③ レポートを書く　　　④ 歌を練習する

　⑤ 来週から学校へ来る　⑥ 外国へ出張する

3．例：部屋に入るとき、靴を脱ぐ

　　⇒　A：部屋に入るとき、靴を脱がなければなりませんか。

　　　　B：いいえ、脱がなくてもいいですよ。

　① 明日も学校に来る　　② 山田さんを待つ

　③ 子供も写真を撮る　　④ 日曜日にも掃除する

4．例：廊下で走る

　　⇒A：あのう、ちょっと……。

　　　B：何ですか。

　　　A：すみませんが、廊下で走らないでください。

　　　B：はい。

　① そこに立つ　　　　　　　② そのパソコンを使う

　③ 大きい声で話したり笑ったりする　④ タバコを吸う

5．例：食事・レポートを書く

⇒A：いっしょに食事に行きませんか。

　　B：すみません。今日はちょっと……。

　　　レポートを書かなければなりません。

　　A：そうですか。じゃあ、また今度。

① 散歩・病院へ行く

② コンサート・残業する

③ カラオケ・今晩勉強する

四、在（　）内填入适当的形式完成会话。

例：A：すみませんが、靴を（脱ぐ→脱がなければ）なりませんか。

　　B：いいえ、靴を脱がなくてもいいです。

1．A：中国では、乾杯するとき、全部お酒を飲みますか。

　　B：はい、全部（飲む→　　　　）なりません。

2．A：すみません、あのメモを（捨てる→　　　　）しまいました。

　　B：大丈夫です。気にしないでください。

3．A：宿題の締め切りは、いつですか。

　　B：今週の日曜日までに（出す→　　　　　）

　　なりません。

4．A：麺類を食べるとき、日本では音を立てて

　　（食べる→　　　　　）てもいいですよ。

　　B：はい、そうですね。

五、参照例句完成句子。

例：は・出さなければなりません・までに・レポート・金曜日

⇒レポートは金曜日までに出さなければなりません。

1．の・「いただきます」・食事・みんなで・言います・とき・と

2．文化・違います・や・隣国・ですが・日本・と・習慣・が・中国・は

3．全部・飲みます・を・お酒・とき・乾杯する・か

4．気・の・つけなければなりません・に・お互い・を・文化

5．で・部屋・入らない・ください・この・には

6．割って・ました・を・すみません・しまい・お皿

第6課　お酒を全部飲まなければなりません

六、汉译日。

1. 上课时，请不要看手机。

2. 听说小李明年想去日本留学。

3. A：大夫，（我）可以不吃药了吗？

   B：嗯，可以了。

4. 山田说，每天又打工又学汉语，很辛苦。

5. （我）接下来还有工作，必须要先走了。

补充单词

男（おとこ）③	[名]	男性，男子
今朝（けさ）①	[名]	今天早上
朝食（ちょうしょく）⓪	[名]	早饭，早餐
ミルク[milk]①	[名]	牛奶
外（そと）①	[名]	外面，外边
復習（ふくしゅう）⓪	[名・他Ⅲ]	复习
残業（ざんぎょう）⓪	[名・自Ⅲ]	加班
大きな（おおきな）①	[連体]	大，巨大
地震（じしん）⓪	[名]	地震

大学時代（だいがくじだい）⑤	[名]	大学时代
トップ [top] ①	[名]	最高，首位，第一
返す（かえす）①	[他Ⅰ]	归还，返给
薬（くすり）⓪	[名]	药，药品
ゲーム [game] ①	[名]	游戏
お風呂（おふろ）②	[名]	澡盆，浴池
外国（がいこく）⓪	[名]	外国
出張（しゅっちょう）⓪	[名・自Ⅲ]	出差
撮る（とる）①	[他Ⅰ]	摄像，照相
立つ（たつ）①	[自Ⅰ]	站立，起来
コンサート [concert] ①	[名]	演唱会
今週（こんしゅう）⓪	[名]	这周

知识窗

日本的传统艺术 —— 歌舞伎

歌舞伎（歌舞伎_{かぶき}）是日本具有代表性的传统艺术之一，起源于日本江户时代，至今已有400多年的历史。

歌舞伎的特征正如"歌舞伎"这三个字所表示的，"歌"，代表音乐，一般由日本传统乐器三弦、鼓等伴奏，配合演员的台词与动作，有着独特的节奏感；"舞"，即舞蹈，"伎"则是表演的技巧。另外，其精致的布景、机关复杂的舞台以及华丽的演员服装与化妆，且演员清一色为男性，女性角色也由男性扮演，这些都体现了歌舞伎的独特之处。

歌舞伎在2005年被联合国教科文组织列为非物质文化遗产。

第7課　お寿司を食べたことがあります

基本句型

1. 周さんは、ラーメンを食べたことがあります。
2. 張さんは、新幹線に乗ったことがありますか。
3. 清水さんは、テニスをしたことがありません。
4. 明日、林さんは、学校を休むつもりです。
5. 夏休み、山田さんは、日本へ帰らないつもりです。

例句

1. A：張さんは、東京へ行ったことがありますか。

   B：はい、（わたしは）一度あります。

2. A：林さんは、ゴルフをしたことがありますか。

   B：いいえ、一度もありません。

3. A：周さんは、どんな日本料理を食べたことがありますか。

   B：（私は）お寿司を食べたことがあります。

4．A：週末、山田さんは何をしますか。

　　B：（私は）サッカーをするつもりです。

5．A：夏休み、林さんは家へ帰りますか。

　　B：いいえ、（家へ）帰らないつもりです。

日本へ行ったことがありますか

清水：周さんは日本へ行ったことがありますか。

周　：はい、二度あります。

清水：日本のどこへ行ったことがありますか。

周　：東京と京都、大阪、沖縄へ行ったことがあります。

清水：へえ、周さんは、いろんな場所へ行ったことがありますね。私は、沖縄へ行ったことがありません。

周　：それは残念ですね。沖縄の海は、とてもきれいでした。張さんは、日本へ行ったことがありますか。

張　：いいえ、ありません。今度の夏休みに、日本へ旅行するつもりです。

清水：それはいいですね。張さんも、沖縄へ行きますか。

張　：私は沖縄へ行かないつもりです。古い町が好きですから、京都へ行くつもりです。

清水：そうですか。楽しみですね。

（小周的日记）

毎週末、張さんと山田さんと私は、一緒に料理を作ります。私たちは、寿司、牛丼、うどんなどの日本料理を作ったことがあります。山田さんは、料理がとても上手です。どの料理もとてもおいしかったです。今度は、中華料理を作るつもりです。明日は、餃子を作りたいと思います。餃子は、作ったことがありません。上手にできるか心配です。

単　詞

| ラーメン［拉麺］① | ［名］ | 拉面 |
| 新幹線（しんかんせん）③ | ［名］ | 新干线 |

第7課　お寿司を食べたことがあります

乗る（のる）⓪	［自Ⅰ］	骑；乘，坐
テニス [test] ①	［名］	网球
一度（いちど）③	［名］	一次
ゴルフ [golf] ①	［名］	高尔夫
サッカー [soccer] ①	［名］	足球
家（うち）⓪	［名］	家
二度（にど）②	［名］	两次
大阪（おおさか）⓪	［专］	大阪
沖縄（おきなわ）⓪	［专］	冲绳
へえ⓪	［感］	（吃惊时）啊，嘿
いろんな ⓪	［连体］	很多，各种
楽しみ（たのしみ）③④	［名］	期望；乐趣
日記（にっき）⓪	［名］	日记
毎週末（まいしゅうまつ）③	［名］	每周末
牛丼（ぎゅうどん）⓪	［名］	牛肉盖饭
うどん⓪	［名］	日本乌冬面
中華料理（ちゅうかりょうり）④	［名］	中餐

1. ～たことがあります〈经历〉

这个句型前接续动词"た形",用于曾经有过的经历。相当于汉语的"(曾经)……过"等。

○ あの雑誌を読んだことがあります。(我曾经看过那本杂志。)

○ A:林さん、ゴルフをしたことがありますか。

(小林,你打过高尔夫球吗?)

B1:はい、一度あります。　　　　(嗯,打过一次。)

B2:いいえ、一度もありません。(我一次也没有打过。)

2. ～つもりです〈打算〉

该句型前接动词的基本形,表示说话人的意志,相当于汉语的"打算……"。否定形式为"～ないつもりです"。

○ A:週末、山田さんは何をしますか。

(山田,周末你做什么?)

B:(わたしは)サッカーをするつもりです。

((我)周末打算踢足球。)

第7課　お寿司を食べたことがあります

○ A：夏休み、林さんは故郷へ帰りますか。

（小林，暑假回老家吗？）

B：いいえ、（故郷へ）帰らないつもりです。

（不，不打算回了。）

3．〜たいと思います

该句型前面接动词的"ます形"，表示第一人称想做某个行为。意为"想……"。

○ 一度日本の新幹線に乗りたいと思いますね。

（真想做一次日本的新干线。）

○ 頭がちょっと痛いですから、今日は学校を休みたいと思います。

（头有些痛，所以今天不想去学校了。）

○ 明日は、餃子を作りたいと思います。

（明天我想要包饺子。）

词语与用法说明

1. 上手になるか心配です

此句汉语意思是"担心能否做得好"。"か"是表示疑问的助词。

○ あの人は誰ですか。知っていますか。

→あの人は誰か、知っていますか。

（那个人是谁，你认识吗？）

○ この字は誰が書きましたか。分かりますか。

→この字は誰が書いたか、分かりますか。

（这字是谁写的，你知道吗？）

2. どの料理もとてもおいしいです

此句译为"哪个菜都很好吃"。疑问词加助词"も"与肯定呼应时表示全面肯定，与否定呼应则表示全面否定，如"ゴルフをしたことは一度もありません／一次都没打过高尔夫球"。

第7課　お寿司を食べたことがあります

一、替换练习。

1．例：大阪へ行く　⇒　大阪へ行ったことがあります。

　　① 相撲を見る　　　　　② お酒を飲む
　　③ 馬に乗る　　　　　　④ サッカーをする

2．例：京都へ行く　⇒　京都へ行ったことがありません。

　　① カラオケへ行く　　　② 学校を休む
　　③ 富士山に登る　　　　④ テニスをする

3．例：野球をする　⇒　A：野球をしたことがありますか。

　　　　　　　　　　　　B：はい、あります。

　　① 北京へ行く　　　　　② 海で泳ぐ
　　③ サッカーを見る　　　④ ゴルフをする

4．例：周さん・映画館・行きます

　　⇒A：周さんは、映画館へ行ったことがありますか。

　　　B：いいえ、ありません。

　　① 林さん・相撲・見る

② 清水さん・山・登る

③ 周さん・新幹線・乗る

④ 山田さん・大学のプール・泳ぐ

5．例：掃除をする ⇒ 放課後、掃除をするつもりです。

① 映画を見る　　　　② 本を読む

③ サッカーをする　　④ メールをする

6．例：来週、試験を受ける

⇒来週、試験を受けないつもりです。

① 来年、車を買う

② 夏休み、家へ帰る

③ 週末、テニスをする

④ 明日からタバコを吸う

二、完成会話。

1．例：A：山田・中国の高速鉄道に乗る

B：はい ／ いいえ

⇒A：山田さんは、中国の高速鉄道に乗ったことが

ありますか。

B：はい、あります。／いいえ、ありません。

第7課　お寿司を食べたことがあります

① 清水(しみず)さん・京都(きょうと)へ行(い)く

② 周(しゅう)さん・ピアノを弾(ひ)く

③ 張(ちょう)さん・野球(やきゅう)をやる

④ 林(りん)さん・日本(にほん)の歌(うた)を歌(うた)う

2．例：A：どんな日本料理(にほんりょうり)を食(た)べたことがありますか。

　　　B：（お寿司(すし)）⇒お寿司(すし)を食(た)べたことがあります。

① A：どんなマンガを見(み)たことがありますか。

　　B：（ドラえもん：哆啦A梦）

② A：どんなスポーツをしたことがありますか。

　　B：（テニス）

③ A：母(はは)の日(ひ)（母亲节）にどんなプレゼントを送(おく)った

　　ことがありますか。

　　B：（花(はな)）

④ A：どんな料理(りょうり)を作(つく)ったことがありますか。

　　B：（天(てん)ぷら）

3．例：A：明日(あした)、買(か)い物(もの)へ行(い)きますか。

　　　B：はい　／　いいえ

⇒はい、行(い)くつもりです。／ いいえ、行(い)かないつもりです。

① 来月、引っ越しますか。

② 冬休み、家へ帰りますか。

③ 週末、残業ますか。

④ 来年、日本語の試験を受けますか。

4．例：A：冬休みはどこへ行きますか。

　　　B：（フランス）⇒フランスへ行くつもりです。

① A：いつ英語の試験を受けますか。

　B：（3月）

② A：いつ家へ帰りますか。

　B：（冬休み）

③ A：放課後、どこへ行きますか。

　B：（図書館）

④ A：明日、どこでご飯を食べますか。

　B：（日本料理のレストラン）

三、参照例句完成句子。

例：ことがあります・ゴルフ・は・周さん・した・を

　⇒周さんはゴルフをしたことがあります。

① を・山田さん・フランス語・ことがあります・は・勉強した

② は・ことがあります・有名な・に・張さん・歌手・会った

③ ことがあります・の・は・を・日本・見た・わたし・映画

④ 林さん・アメリカ・行く・来年・へ・つもりです・は

⑤ つもりです・清水さん・を・大学院の試験・は・受ける・か

⑥ 山田さん・ご飯・は・つもりです・食べない・を

四、日译汉。

1．冬休みに北京へ行くつもりです。

2．今日はお酒を飲まないつもりです。

3．日本料理店で天ぷらを一度食べたことがあります。

4．来月大阪へ行きたいと思います。

5．あの人は誰か知っていますか。

五、汉译日。

1．小周你学过法语吗？

2．小张没吃过寿司。

3．田中打算今年暑假回日本。

4．山田不打算上明天的课。

5．昨天给家人打了电话。

补充单词

故郷（ふるさと）③	[名]	老家，家乡
兄（あに）①	[名]	哥哥
知る（しる）⓪	[他Ⅰ]	知道
相撲（すもう）⓪	[名]	相扑
馬（うま）②	[名]	马
登る（のぼる）⓪	[自Ⅰ]	登，上
泳ぐ（およぐ）②	[自Ⅰ]	游泳
山（やま）②	[名]	山
プール[pool]①	[名]	游泳池
放課後（ほうかご）⓪	[名]	放学后
メール[mail]⓪	[名]	邮件
来年（らいねん）⓪	[名]	明年
受ける（うける）②	[他Ⅱ]	接受
高速鉄道（こうそくてつどう）⑤	[名]	高铁
ピアノを弾く⓪+⓪	[短语]	弹钢琴
スポーツ[sport]②	[名]	运动

第7課　お寿司を食べたことがあります

引っ越す（ひっこす）③	[自Ⅰ]	搬家
歌手（かしゅ）①	[名]	歌手
大学院（だいがくいん）④	[名]	研究生院
日本料理店（にほんりょうりてん）⑥	[名]	日本料理店
来月（らいげつ）①	[名]	下月，下个月

知识窗

日本的中元节

中元节（お中元(ちゅうげん)）也称盂兰盆节（お盆(ぼん)），飞鸟时代由中国传入日本，成为仅次于新年（お正月(しょうがつ)）的盛大节日。每年8月15日（农历七月十五日）前后，日本全国迎来返乡高峰（帰省(きせい)ラッシュ），在外地学习工作生活的人纷纷返乡扫墓祭祖，新干线、飞机等交通工具人满为患。

第8課　これは天安門で撮った写真です

基本句型

1. 寝る前に、シャワーをします。
2. ご飯を食べた後で、薬を飲みます。
3. 張さんは、明日行く店をインターネットで調べます。
4. 林さんは、昨日買った服を着ています。
5. 清水さんは、新しい携帯電話を買うためにアルバイトをします。
6. 周さんは、健康のために早く起きます。

例句

1. A：山田さんは、寝る前に、何をしますか。
   B：（私は）寝る前に、テレビを見ます。
2. A：林さんは、朝起きた後で、何をしますか。
   B：（私は）朝起きた後で、顔を洗います。

3. A：山田さん、何をしていますか。

   B：(私は)これから行く店を調べています。

4. A：張さん、何をしていますか。

   B：(私は)さっき習った日本語を復習しています。

5. A：林さんは、何のために日本へ行きますか。

   B：(私は)日本語の勉強のために日本へ行きます。

6. A：張さんは、どうして早く寮へ帰りましたか。

   B：(張さんは)サッカーの試合を見るために、早く帰りました。

北京に行ってきました

周　：先週、山田さんは北京へ行きましたか。

山田：はい、行きました。これは、天安門で撮った写真です。

周　：きれいですね。山田さんの横にいる人は誰ですか。

山田：ああ、この人ですか。古い友達です。この友達に会う

第8課　これは天安門で撮った写真です

ために北京へ行きました。

周　：そうですか。それは楽しかったですね。

山田：ええ。友達の住んでいるところは北京の中心地にあって、とても便利です。色々な店にも行きました。

周　：北京で撮った写真をもっと見たいです。授業が終わった後で、（山田さんは）時間がありますか。

山田：はい、あります。じゃあ、授業の後で、会いましょう。

短文

日本語を勉強する前に、日本語は簡単だと思いました。日本語も漢字を使うので、中国語に似ています。しかし、日本語を勉強した後で、考えが変わりました。日本語はとても難しいです。中国語と違う漢字もたくさんあります。それから平仮名だけでなく、片仮名もあります。外国から日本へ入って来た物は、片仮名で書きます。例えば、チョコレート、コーヒーなどです。覚えるのは大変ですが、日本で働くために勉強を続けます。

単　词

天安門（てんあんもん）③	[名]	天安门
シャワー [shower] ①	[名]	淋浴
服（ふく）②	[名]	衣服
着る（きる）⓪	[他Ⅱ]	穿
健康（けんこう）⓪	[名]	健康
顔（かお）⓪	[名]	脸；面孔
洗う（あらう）⓪	[他Ⅰ]	洗
習う（ならう）②	[他Ⅰ]	学习，学
どうして①	[副]	为什么
試合（しあい）⓪	[名]	比赛
横（よこ）⓪	[名]	旁边；侧面；横
中心地（ちゅうしんち）③	[名]	中心区
もっと①	[副]	更，再
後（あと）①	[名]	后面；以后；之后
使う（つかう）⓪	[他Ⅰ]	使，使用
似る（にる）⓪	[自Ⅱ]	相似
考え（かんがえ）③	[名]	想法

第8課　これは天安門で撮った写真です

変わる（かわる）⓪	［自Ⅰ］	变，变化，改变
片仮名（かたかな）③	［名］	片假名
物（もの）②⓪	［名］	物，东西，物品
チョコレート[chocolate]③	［名］	巧克力
働く（はたらく）⓪	［自Ⅰ］	工作
続ける（つづける）⓪	［他Ⅱ］	继续

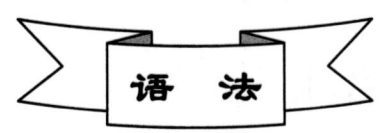

1. 名词＋の・动词基本形＋前に、～

该句型用于表示时间的先后顺序，表示一个动作在另一个动作之前发生时使用。译为"在……之前"。

○ こちらへ来る前に電話をかけてください。

（来之前请打个电话。）

○ 毎日寝る前にシャワーをします。　（每天睡觉前淋浴。）

○ ご飯を食べる前に手を洗います。　（吃饭之前洗手。）

○ 会議の前に、資料をコピーします。（开会之前复印资料。）

2. 名词＋の・动词た形＋後で、～

该句型用于表示时间的先后顺序，表示一个动作在另一个动作之后发生时使用。译为"在……之后"。

○ 会社が終わった後で、飲みに行きます。

（公司下班后去喝酒。）

○ 映画を見た後で、食事をしました。（看完电影后吃了饭。）

○ ご飯を食べた後で、散歩します。（吃完饭后去散步。）

○ 仕事の後で、映画を見ます。（工作之后看电影。）

3. 动词简体＋名词

动词修饰名词时，要用动词的简体形式。

○ これは明日会議で使う資料です。

（这是明天会议要用的资料。）

○ 山田さんの横にいる人は誰ですか。

（在山田旁边的人是谁？）

○ 昨日李さんにもらった本を読んでいます。

（我正在看昨天从小李那拿到的书。）

○ 昨日会社を休んだ人は李さんです。

（昨天没来公司上班的人是小李。）

4．名词＋の・动词基本形＋ために、～〈目的〉

"ために"表示目的，其前后两个分句的主语相同。译为"为了……"。

○ 私は外国語を習うために、辞書を買いました。

（为了学习外语，我买了字典。）

○ 彼は立派な先生になるために、一生懸命勉強しています。

（他为了当一名优秀教师，正在拼命努力学习。）

○ 父は健康のために、毎日歩いています。

（父亲为了健康每天步行。）

○ 皆パーティーのために、いろいろ準備しました。

（大家为了派对做了各种准备。）

5．～と思います

该句型前接简体句，表示第一人称的主观判断、意见，译为"我认为……"。"～と思っています""～と思いました"既可用于第一人称，又可用于第三人称。

○ 日本語を勉強する前に、日本語は簡単だと思いました。

（学习日语之前，我认为日语简单。）

○ 田中さんはとても元気だと思っていました。

（我一直以为田中先生精力非常充沛。）

词语与用法说明

1．どうして

询问事由时使用"どうしてですか"，或者"どうして＋疑问句"的形式，相当于汉语的"为什么"。

　　○ A：僕は来月またここへ来ますよ。

（我下个月还会来这里。）

　　B：どうしてですか。　　　　　　　　　（为什么？）

　　A：ここで友達の結婚式がありますから。

（因为朋友要在这里举行婚礼。）

　　○ 張さんは、どうして早く寮へ帰りましたか。

（小张为什么早回宿舍了呢？）

2．日本語も漢字を使うので、中国語に似ています

此句意思是"因为日语也使用汉字，同汉语相似"。"似ています"是动词"似る（相似，相像）"的活用形式，前面的"に"表示相似的对象。

　　○ お嬢さんはご主人に似ていますね。

（您女儿真像您先生。）

3. 外国から日本へ入って来た物は、片仮名で書きます

"～て来る"表示动作由远及近。此句意思是"从外国传入到日本的东西，用片假名书写"。

一、替换练习。

1. 例：学校へ行く・ご飯を食べる

    ⇒学校へ行く前に、ご飯を食べます。

    ① 夜寝る・テレビを見る
    ② ご飯を食べる・手を洗う
    ③ 勉強する・果物を食べる
    ④ サッカーをする・走る

2. 例：朝ご飯を食べる・学校へ行く

    ⇒朝ご飯を食べた後で、学校へ行きます。

    ① テニスをする・水を飲む

新编初级 日本语

② 宿題をする・休む

③ 買い物をする・家へ帰る

④ 掃除する・本を読む

3．例：明日・店へ行く・店を調べる

　　⇒明日行く店を調べます。

① 今晩・本を読む・本を買う

② 来週・レポートを出す・レポートを書く

③ 明日・服を着る・服を洗う

④ 来週・歌を歌う・歌を練習する

4．例：今朝・パンを買います・パンを食べます

　　⇒今朝、買ったパンを食べます。

① 昨日・服を洗う・服を着る

② 昨日の夜・本を読む・本を山田さんに貸す

③ 先週・友達とテニスをする・友達と食事をする

④ この間・店へ行く・店は閉店した

5．例：テスト・勉強する　⇒テストのために、勉強します。

① 安全・ゆっくり運転する　　② 勉強・本を読む

③ 健康・散歩する　　　　　　④ 試験・頑張る

第8課　これは天安門で撮った写真です

6．例：英語を勉強する・アメリカへ行く。

⇒<u>英語を勉強する</u>ために、アメリカへ行きます。

① パソコンを買う・アルバイトをする。

② いい大学に入る・たくさん勉強する

③ 友達を作る・サークルに入る

④ ダイエットする・運動する

二、完成下列会话。

1．例：A：いつこの薬を飲みますか。

　　　B：（寝ます）⇒<u>寝る前に</u>、飲みます。

① A：いつジョギングしますか。

　　B：（学校へ行きます）

② A：いつこの料理を作りましたか。

　　B：（張さんが来ます）

③ A：いつこの携帯電話を買いましたか。

　　B：（大学へ入ります）

④ A：いつ寮を引っ越しましたか。

　　B：（二年生になります）

2．例：A：いつ日本語の勉強を始めましたか。

　　　B：（大学へ入る）

　　⇒大学へ入った後で、（日本語の勉強を）始めました。

① A：いつ勉強しますか。

　　B：（ゲームをする）

② A：いつ食事をしますか。

　　B：（シャワーをする）

③ A：いつ会議を始めますか。。

　　B：（昼ご飯を食べる）

④ A：いつカラオケへ行きますか。

　　B：（試験が終わる）

3．例：A：今晩、どこの店へ行きますか。

　　　B：（この前林さんに聞きました）

　　⇒この前林さんに聞いた店へ行きます。

① A：どこの映画館へ行きますか。

　　B：（大学の近くにあります）

② A：どこのホテルが便利ですか。

　　B：（この前山田さんが行きました）

第8課　これは天安門で撮った写真です

③　A：どんなところへ旅行したいですか。

　　B：（海が近くにあります）

　　A：どこの店が安いですか。

　　B：（この前インターネットで見ました）

4．例：A：どうして運動していますか。

　　　　B：（健康）⇒健康のために運動しています。

①　A：どうして車を借りますか。

　　B：（引っ越し）

②　A：どうして日本語を勉強しますか。

　　B：（日本で働きます）

③　A：どうして一生懸命に働いていますか。。

　　B：（結婚します）

④　A：どうして大学へ行きたいですか。

　　B：（いい会社に入ります）

三、参照例句完成句子。

例：後で・を・スポーツをした・飲みます・水

　　⇒スポーツをした後で、水を飲みます。

① 寝る・単語・日本語・前に・覚えます・の・を

② へ・後で・レストラン・を・見た・映画・行きました

③ に・聞きました・が・始まる・を・コンサート・時間・清水さん

④ とても・見た・面白かったです・映画・昨日・は

⑤ ために・作ります・健康・の・は・を・お母さん・ご飯

⑥ 働きます・買う・毎日・家・ために・遅く（晩，深夜）まで・を

四、日译汉。

1．寝る前に、山田さんは何をしますか。

2．家に帰った後で、電話をします。

3．張さんは、今まで見た映画をすべて覚えています。

4．来月、林さんが引っ越す家は、とても広いです。

5．お父さんは、健康のために、毎朝、散歩しています。

五、汉译日。

1．小周为了写报告，正在看书。

2．（你）来这儿之前请打个电话。

3．每天睡前听日语歌。

第8課　これは天安門で撮った写真です

4．公司下班后回了家。

5．学过的单词必须经常复习。

补充单词

手（て）①	[名]	手
資料（しりょう）①	[名]	资料
コピー [copy] ①	[名]	复印，复制
元気（げんき）①	[名・ナ形]	精力充沛，健康
僕（ぼく）①	[名]	（男性第一人称）我
お嬢さん（おじょうさん）②	[名]	令爱，您的女儿
御主人（ごしゅじん）②	[名]	您的丈夫
サークル [circle] ⓪	[名]	小组，团体
テスト [test] ①	[名・他Ⅲ]	试验，测试；考试
閉店（へいてん）⓪	[名・他Ⅲ]	关门，打烊
安全（あんぜん）⓪	[名・ナ形]	安全
運転（うんてん）⓪	[名・他Ⅲ]	驾驶
ダイエット [diet] ①	[名]	减肥

運動（うんどう）⓪	［名・他Ⅲ］	运动
ジョギング［jogging］⓪	［名］	慢跑
始める（はじめる）③	［他Ⅰ］	开始
ホテル［hotel］①	［名］	酒店
引っ越し（ひっこし）⓪	［名・他Ⅲ］	搬家
今まで（いままで）③	［名］	到现在，至今，以前
すべて①	［名・副］	一切；所有

知识窗

鸟　居

鸟居（鳥居）是类似牌坊的日本神社附属建筑，常建在神社的参道上，代表神域的入口，用于区分神栖息的神域和人类居住的世俗界。鸟居的存在提醒来访者，踏入鸟居即意味着进入神域，之后所有的行为举止都应特别注意。

附录

附录1

单词表

I 会话、短文、句型及例句单词　II 语法及练习单词

	课次		课次
あ		いく［行く］	1-I
あう［会う］	3-II	いざかや［居酒屋］	4-II
あける［開ける］	4-II	いたい［痛い］	4-I
あげる	3-I	いただく	3-I
あさごはん［朝ご飯］	1-I	いちど［一度］	7-I
		いっしゅうかん［一週間］	5-II
アジア	6-I	いっしょうけんめい［一生懸命］	4-II
あそぶ［遊ぶ］	4-II	いっしょに［一緒に］	1-I
あたま［頭］	4-I	いっぱい	5-II
あと［後］	8-I	今まで	8-II
あに［兄］	7-II	いみ［意味］	5-I
アニメ	2-II	いもうと［妹］	3-I
あめ［雨］	4-I	いる	2-I
あね［姉］	1-I	いろんな	7-I
あらう［洗う］	8-I	いんしょく［飲食］	5-I
アルバイト	3-I	インターネット	5-I
ある	2-I	**う**	
あるく［歩く］	1-II	うける［受ける］	7-II
あんぜん［安全］	8-II	うたう［歌う］	1-I
あんない［案内］	3-II	うち［家］	7-I
い		うどん	7-I
いう［言う］	6-I	うま［馬］	7-II

·165·

うんてん［運転］	8-Ⅱ
うんどう［運動］	8-Ⅱ

え

え［絵］	1-Ⅱ
えいがかん［映画館］	1-Ⅱ
えっ	5-Ⅰ
えはがき［絵葉書］	3-Ⅰ
えほん［絵本］	3-Ⅰ
えんだいデパート［遠大デパート］	4-Ⅰ

お

おおきな［大きな］	6-Ⅱ
おおさか［大阪］	7-Ⅰ
おかあさん［お母さん］	2-Ⅰ
おかね［お金］	3-Ⅰ
おきなわ［沖縄］	7-Ⅰ
おきる［起きる］	1-Ⅰ
おくりかた［送り方］	3-Ⅰ
おくる［送る］	3-Ⅰ
おことばにあまえて［お言葉に甘えて］	5-Ⅰ
おさけ［お酒］	2-Ⅱ
おさら［お皿］	6-Ⅰ
おしえる［教える］	1-Ⅱ
おしゃべり	4-Ⅰ
おじいさん	3-Ⅱ
おじょうさん［お嬢さん］	8-Ⅱ
おすし［お寿司］	1-Ⅰ
おたがい［お互い］	6-Ⅰ
おちゃ［お茶］	2-Ⅱ
おとうさん［お父さん］	1-Ⅱ
おとうと［弟］	3-Ⅱ
おとこ［男］	6-Ⅱ
おとしより［お年寄り］	3-Ⅱ
おとをたてる［音を立てる］	6-Ⅰ
おにいさん［お兄さん］	3-Ⅰ
おねえさん［お姉さん］	3-Ⅱ
おねがい［お願い］	4-Ⅰ
おふろ［お風呂］	6-Ⅰ
おぼえる［覚える］	3-Ⅱ
おみやげ［お土産］	4-Ⅰ
おもう［思う］	4-Ⅰ
おやすみなさい［お休みなさい］	4-Ⅰ
およぐ［泳ぐ］	7-Ⅱ
おりる［降りる］	4-Ⅱ
おわり［終わり］	6-Ⅰ
おわる［終わる］	4-Ⅱ
おんがく［音楽］	1-Ⅰ

か

カード	5-Ⅰ
かいもの［買い物］	2-Ⅰ
がいこく［外国］	6-Ⅱ
がいこくご［外国語］	8-Ⅱ
がいらいご［外来語］	4-Ⅱ
かう［買う］	1-Ⅰ
かえす［返す］	6-Ⅱ
かえる［帰る］	1-Ⅰ
かお［顔］	8-Ⅰ
かかる	1-Ⅰ
かきかた［書き方］	3-Ⅰ

かく［書く］	1-Ⅰ	きをつける［気を付ける］	6-Ⅰ
がくせいカード［学生カード］	5-Ⅰ	キャンパス	5-Ⅰ
がくせいせいかつ［学生生活］	5-Ⅱ	**く**	
かす［貸す］	3-Ⅰ	くうこう［空港］	4-Ⅱ
かじ［家事］	1-Ⅰ	くすり［薬］	6-Ⅱ
かしゅ［歌手］	7-Ⅱ	くださる	3-Ⅰ
かぞく［家族］	1-Ⅰ	くつ［靴］	1-Ⅰ
かたかな［片仮名］	8-Ⅰ	くに［国］	4-Ⅱ
かって［勝手］	5-Ⅰ	ぐらい	1-Ⅰ
かな［仮名］	1-Ⅱ	くらす［暮らす］	5-Ⅱ
カラオケ	1-Ⅰ	くる［来る］	1-Ⅰ
かりる［借りる］	5-Ⅱ	クレジットカード	3-Ⅱ
かわる［変わる］	8-Ⅰ	くれる	3-Ⅰ
かんがえ［考え］	8-Ⅰ	**け**	
かんじ［漢字］	2-Ⅰ	ゲーム	6-Ⅱ
かんぱい［乾杯］	6-Ⅰ	けいざい［経済］	5-Ⅱ
がんばる［頑張る］	4-Ⅰ	けさ［今朝］	6-Ⅰ
き		けす［消す］	6-Ⅱ
きく［聞く］	1-Ⅰ	けっこん［結婚］	6-Ⅱ
きっさてん［喫茶店］	2-Ⅱ	けっこんしき［結婚式］	8-Ⅱ
きって［切手］	3-Ⅰ	けんきゅう［研究］	5-Ⅱ
きにする［気にする］	6-Ⅰ	けんこう［健康］	8-Ⅰ
きゅうじつ［休日］	1-Ⅰ	げんき［元気］	8-Ⅱ
ぎゅうどん［牛丼］	7-Ⅰ	**こ**	
きゅうりょう［給料］	3-Ⅰ	こうそくてつどう［高速鉄道］	7-Ⅱ
きょうかしょ［教科書］	3-Ⅰ	こうつうじこ［交通事故］	4-Ⅱ
ぎょうざ［餃子］	1-Ⅰ	こえ［声］	5-Ⅰ
きょか［許可］	5-Ⅰ	こくばん［黒板］	1-Ⅰ
きる［着る］	8-Ⅰ	ごしゅじん［御主人］	8-Ⅱ

ことば［言葉］	6-Ⅰ	ざんぎょう［残業］	6-Ⅱ
ごちそうさま［ご馳走様］	6-Ⅰ	**し**	
ごはん［ご飯］	1-Ⅰ	じ［字］	1-Ⅰ
コピー	8-Ⅱ	しあい［試合］	8-Ⅰ
ゴミ	5-Ⅰ	じきゅう［時給］	4-Ⅱ
ゴルフ	7-Ⅰ	じしん［地震］	6-Ⅱ
ころ［頃］	5-Ⅱ	しつもん［質問］	5-Ⅱ
～ごろ	1-Ⅰ	じてんしゃ［自転車］	1-Ⅰ
こんかい［今回］	5-Ⅱ	しなもの［品物］	4-Ⅰ
コンサート	6-Ⅱ	じぶん［自分］	1-Ⅰ
こんしゅう［今週］	6-Ⅱ	しめきり［締め切り］	6-Ⅱ
こんど［今度］	6-Ⅰ	じゃあ	1-Ⅰ
コンパ	4-Ⅱ	しゃしん［写真］	3-Ⅱ
こんばん［今晩］	1-Ⅰ	シャワー	8-Ⅰ
こんばんは	4-Ⅱ	しゅうかん［習慣］	6-Ⅱ
コンビニ	2-Ⅱ	じゅうしょ［住所］	3-Ⅰ
さ		じゅぎょうちゅう［授業中］	1-Ⅱ
さいご［最後］	3-Ⅰ	じゅく［塾］	4-Ⅱ
ざいりょう［材料］	2-Ⅱ	しゅうまつ［週末］	1-Ⅰ
サークル	8-Ⅱ	しゅっちょう［出張］	6-Ⅰ
さく［咲く］	5-Ⅱ	しゅみ［趣味］	5-Ⅱ
さくぶん［作文］	3-Ⅰ	ジュース	3-Ⅱ
さくら［桜］	5-Ⅱ	じゅんび［準備］	5-Ⅱ
さしあげる	3-Ⅰ	しょうかい［紹介］	5-Ⅰ
さそう［誘う］	4-Ⅱ	しょうせつ［小説］	2-Ⅰ
サッカー	7-Ⅰ	じょうほう［情報］	5-Ⅰ
さっき	3-Ⅰ	ジョギング	8-Ⅱ
サラダ	2-Ⅰ	しょくじ［食事］	5-Ⅰ
さんぽ［散歩］	1-Ⅱ	ショッピング	4-Ⅰ

しらべる［調べる］	5-Ⅰ	そと［外］	6-Ⅱ
しりょう［資料］	8-Ⅱ	それから	1-Ⅰ
しる［知る］	7-Ⅱ	**た**	
しんかんせん［新幹線］	7-Ⅰ	ダイエット	8-Ⅱ
じんこう［人口］	4-Ⅱ	だいがくいん［大学院］	7-Ⅱ
しんせつ［親切］	3-Ⅰ	だいがくじだい［大学時代］	6-Ⅱ
しんぱい［心配］	4-Ⅰ	だいがくせいかつ［大学生活］	3-Ⅱ
す		だいたい［大体］	5-Ⅰ
スイカ	2-Ⅰ	だから	3-Ⅰ
すう［吸う］	5-Ⅰ	タクシー	4-Ⅱ
すうがく［数学］	2-Ⅰ	だす［出す］	6-Ⅰ
すごす［過ごす］	1-Ⅱ	たすかる［助かる］	3-Ⅰ
すてる［捨てる］	5-Ⅰ	たつ［立つ］	6-Ⅱ
すべて［全て］	8-Ⅱ	たとえば［例えば］	5-Ⅰ
スポーツ	7-Ⅱ	たのしみ［楽しみ］	7-Ⅰ
すむ［住む］	4-Ⅱ	タバコ	5-Ⅰ
すもう［相撲］	7-Ⅱ	たべる［食べる］	1-Ⅰ
する	1-Ⅰ	たまに	1-Ⅰ
せ		たんご［単語］	3-Ⅱ
せ［背］	2-Ⅱ	**ち**	
せいもんまえ［正門前］	4-Ⅰ	ちか［地下］	1-Ⅰ
せかい［世界］	4-Ⅱ	ちがう［違う］	6-Ⅰ
せつめい［説明］	5-Ⅱ	ちかてつ［地下鉄］	4-Ⅱ
せんたく［洗濯］	5-Ⅱ	チケット	3-Ⅱ
ぜんぶ［全部］	2-Ⅱ	ちず［地図］	3-Ⅱ
そ		ちゅうかりょうり［中華料理］	7-Ⅰ
そうじ［掃除］	1-Ⅰ	ちゅうごくりょうり［中国料理］	3-Ⅱ
そこで	1-Ⅰ	ちゅうしんち［中心地］	8-Ⅰ
そして	1-Ⅰ	ちゅうにち［中日］	6-Ⅰ

ちょうしょく [朝食]	6-Ⅱ	トップ	6-Ⅱ
ちょうしゅん [長春]	2-Ⅱ	～とも	5-Ⅰ
ちょうど	4-Ⅰ	ドラマ	1-Ⅰ
チョコレート	8-Ⅰ	とる [撮る]	6-Ⅱ
ちん [陳]	1-Ⅱ		

つ

つかう [使う]	8-Ⅰ
つぎ [次]	3-Ⅰ
つく [着く]	8-Ⅱ
つくる [作る]	1-Ⅰ
つづける [続ける]	8-Ⅰ
つめたい [冷たい]	4-Ⅱ

な

なおす [直す]	3-Ⅱ
ながらぞく [ながら族]	5-Ⅰ
なぜ	4-Ⅱ
なまえ [名前]	3-Ⅱ
ならう [習う]	8-Ⅰ
なる	1-Ⅱ
なる [鳴る]	1-Ⅱ
なるほど	6-Ⅰ

て

て [手]	8-Ⅱ
テーマ	5-Ⅱ
てがみ [手紙]	1-Ⅱ
できる	5-Ⅰ
テスト	8-Ⅱ
テニス	7-Ⅰ
では	2-Ⅰ
デパート	1-Ⅰ
でる [出る]	1-Ⅰ
てんあんもん [天安門]	8-Ⅰ
てんぷら [天ぷら]	2-Ⅱ
でんわをかける [電話をかける]	4-Ⅱ

に

にど [二度]	7-Ⅰ
にほんぶんか [日本文化]	5-Ⅱ
にほんりょうりてん [日本料理店]	7-Ⅱ
にもつ [荷物]	3-Ⅰ
にる [似る]	8-Ⅰ

ぬ

ぬぐ [脱ぐ]	6-Ⅰ

ね

ねる [寝る]	1-Ⅰ

の

のぼる [登る]	7-Ⅱ
のむ [飲む]	1-Ⅱ
のりかえる [乗り換える]	4-Ⅱ
のる [乗る]	7-Ⅰ

と

どうして	8-Ⅰ
どうぶつえん [動物園]	3-Ⅱ
ところで	5-Ⅰ

は

はいる［入る］	5-Ⅰ
はこぶ［運ぶ］	3-Ⅰ
はじまる［始まる］	4-Ⅱ
はじめる［始める］	8-Ⅱ
ばしょ［場所］	4-Ⅱ
はしる［走る］	5-Ⅰ
はたらく［働く］	8-Ⅰ
はっぴょう［発表］	5-Ⅱ
はな［花］	3-Ⅱ
はなし［話］	5-Ⅱ
はなす［話す］	3-Ⅱ
はは［母］	3-Ⅱ
はやい［早い］	1-Ⅱ
はる［貼る］	3-Ⅰ
はんぶん［半分］	2-Ⅱ
パン	2-Ⅰ

ひ

ひ［日］	1-Ⅱ
ピアノを弾く	7-Ⅱ
ひっこし［引っ越し］	8-Ⅱ
ひっこす［引っ越す］	7-Ⅱ
ひつよう［必要］	5-Ⅰ
ビデオ	5-Ⅱ
ひとり［一人］	1-Ⅱ
ひらがな［平仮名］	1-Ⅱ
ひるごはん［昼ご飯］	1-Ⅰ
ビール	1-Ⅱ

ふ

プール	7-Ⅱ
ふく［服］	8-Ⅰ
ふくしゅう［復習］	6-Ⅱ
ふじさん［富士山］	1-Ⅱ
ふたり［二人］	4-Ⅰ
ふだん［普段］	1-Ⅰ
フランス	3-Ⅱ
フランスご［フランス語］	3-Ⅱ
ふるさと［故郷］	7-Ⅱ
プレゼント	3-Ⅰ
ぶんか［文化］	6-Ⅰ

へ

へいてん［閉店］	8-Ⅱ
へえ	7-Ⅰ
ペン	3-Ⅰ
へんじ［返事］	3-Ⅰ

ほ

ほう［方］	2-Ⅰ
ほうかご［放課後］	7-Ⅱ
ぼく［僕］	8-Ⅱ
ホテル	8-Ⅱ
ほっかいどう［北海道］	2-Ⅱ
ほうふ［豊富］	4-Ⅰ
ほとんど	2-Ⅰ
ほんとう［本当］	5-Ⅰ

ま

ば［馬］	3-Ⅱ
まあ	5-Ⅰ

〜まい［〜枚］	3-Ⅰ	もっとも［最も］	4-Ⅱ
まいあさ［毎朝］	1-Ⅱ	もどる［戻る］	1-Ⅱ
まいしゅう［毎週］	1-Ⅱ	もの［物］	8-Ⅰ
まいしゅうまつ［毎週末］	7-Ⅰ	もらう	3-Ⅰ
まいにち［毎日］	1-Ⅱ		

や

まいばん［毎晩］	3-Ⅰ	やすみのひ［休みの日］	5-Ⅱ
まず	3-Ⅰ	やすむ［休む］	2-Ⅱ
また	6-Ⅰ	やま［山］	7-Ⅰ
まつ［待つ］	3-Ⅱ	やる	3-Ⅱ
まど［窓］	4-Ⅱ		

ゆ

		ゆか［床］	5-Ⅰ

み

みえる［見える］	1-Ⅰ	ゆうびんばんごう［郵便番号］	3-Ⅰ
みず［水］	2-Ⅱ	ゆっくり	6-Ⅰ
みち［道］	3-Ⅰ		

よ

みる［見る］	1-Ⅰ	よく	4-Ⅰ
ミルク	6-Ⅱ	よこ［横］	8-Ⅰ
		よてい［予定］	5-Ⅰ

む

むかえる［迎える］	4-Ⅱ	よむ［読む］	1-Ⅰ
むすめ［娘］	1-Ⅱ	より	6-Ⅰ
むらかみはるき［村上春樹］	2-Ⅰ		

ら

		ラーメン	7-Ⅰ

め

メール	7-Ⅱ	らいげつ［来月］	7-Ⅰ
メッセージ	3-Ⅰ	らいねん［来年］	7-Ⅱ
めんるい［麺類］	6-Ⅰ		

り

		りゅうがく［留学］	5-Ⅱ

も

もしもし	4-Ⅰ	りゅうがくせいかつ［留学生活］	4-Ⅱ
もちかえる［持ち帰る］	5-Ⅰ	りよう［利用］	4-Ⅰ
もつ［持つ］	3-Ⅰ	りんごく［隣国］	6-Ⅰ
もっと	8-Ⅰ		

る
ルール	5-Ⅰ

れ
レポート	2-Ⅰ
れんしゅう［練習］	6-Ⅰ

ろ
ろうか［廊下］	5-Ⅰ

わ
わかい［若い］	2-Ⅱ
わかる［分かる］	1-Ⅰ
わすれる［忘れる］	6-Ⅱ
わらい［笑い］	5-Ⅰ
わらう［笑う］	5-Ⅱ
わる［割る］	6-Ⅰ

附录2

语法和句型

	课次
あまり～ません	1
～（こと）ができます	5
～がわかります	5
～しか～ません〈限定〉	2
～たいです〈愿望〉	1
～たいと思います	7
だけ〈限定〉	2
～だけでなく～も～	3
～たことがあります	7
～たり～たりします	5
～つもりです〈打算〉	7
～ています〈动作正在进行或状态、习惯〉	3
～てから〈顺序〉	4
～てきます	8
～てください	3
～てしまう	6
～でしょうか〈委婉〉	4
～ではいけません〈禁止〉	5
～てもいいです〈许可〉	5
で〈动作场所或手段〉	1
で　〈限定范围〉	4
と（一緒に）〈动作共同者〉	1
と〈引用〉	6
～と思います	8
とか〈选择、举例〉	5
～とき（に）	6
～と～と、どちらが～〈选择〉	2
～ないでください	6
～ながら、～	1
～なくてもいいです	6
～なければなりません	6

附　录

に〈时间〉	1
に〈对象或附着点〉	3
～にします〈决定或选择〉	4
～について	5
～ので〈原因、理由〉	4
（～より）～のほうが～〈选择〉	2
～は～に～てあげます／て差し上げます／やります	3
～は～に～てくれます／てくださいます	3
～は～に～てもらいます／ていただきます	3
～は～に～をあげます／差し上げます／やります	3
～は～に～をくれます／くださいます	3
～は～に／から～をもらいます／いただきま	3
～は～ました／ませんでした	2
～は～より～〈比较〉	2
～へ行きます/来ます/帰ります	1
（～へ）～に行きます／来ます	2
～ほど～否定〈程度〉	2
～ませんか／ましょうか〈建议〉	4
～予定です	5
を〈宾语或经由的场所等〉	1
イ形容词词干＋く＋动词	1
ナ形容词词干＋に＋动词	1
动词的种类及活用形式"た形"	5
动词的种类及活用形式"て形"	3
动词的种类及活用形式"ない形"	6
动词的种类及活用形式"ます形"	1
动词简体＋名词	8
名词＋の・动词基本形＋ために、～〈目的〉	8
名词＋の・动词た形＋後で、～	8
名词＋の・动词基本形＋前に、～	8
日语的敬体与简体（1）	4
日语的敬体与简体（2）	6
形式名词"の"和"こと"	5

附录3

词语与用法说明

	课次
遠大デパートは品物が豊富なので、外国人もよく利用しますよ	4
じゃあ、一緒に行きましょう	1
お時間ありますか	4
送り方が分かりません	3
外国から日本へ入って来た物は、片仮名で書きます	8
先生、黒板の字が見えません	1
くらい/ぐらい	1
～ごろ	1
授業のない日	5
上手になるか心配です	7
そうですね	4
そうなんですか	5
その方が、より美味しく食べられるんです	6
それでは、明日許可をもらって、案内しましょうか	5
だから	3
ちょうど私もショッピングをしたいと思っていました	4
張さんも音楽を聞きながら勉強することができるのですか	5
ところで	5
どうして	8
どうしましたか	2
どの料理もとてもおいしかったです	7
日本語も漢字を使うので、中国語に似ています	8
へえ	7
ほとんど	2
もしもし	4
来週の金曜日までに出さなければなりません	6
量詞"枚"	3

附录 4

课文参考译文

第 1 课 在饭店吃寿司

会话

吃什么呢？

清水：小张，小周，你们今天的晚饭吃什么？
张 ：我今天去大学的食堂。想要在那儿吃饺子。
周 ：今天是我姐姐的生日，所以我和家人一起去饭店吃饭。
　　　清水你呢？
清水：嗯……，平时我会自己简单做点。偶尔和朋友一起做饭。
　　　不过，今天晚上我也想要吃饺子。
张 ：我今晚五点离开教室。
清水：那咱们一起去吧。

短文

　　今天是星期日。虽然休息，但我也起得早。平时总是6点半起床。然后一边吃早饭，一边看报纸。

　　上午打扫房间。下午和留学生朋友一起乘坐公交车去百货商店。我想要在商场买双新鞋。晚饭在地下1层的饭店吃美味的寿司。周末通常不太做饭。

　　8点左右回宿舍。虽然不学习日语，但是我会很开心的看看剧。然后，10点左右就早早躺下休息了。

第2课　昨天做了什么

会话

昨天做什么了

清水：小张，昨天你去图书馆了吗？
张　：没有，我昨天没去。
清水：那你昨天做什么了？
张　：我去书店了。然后买了书。
清水：是嘛。书店比图书馆的书多吗？
张　：不，没有图书馆的书那么多。但是，书店的书比较新。
清水：真好啊。我也想去。

短文

平时我在食堂吃饭，但是昨天没在食堂吃。我回家了。和妈妈一起去了超市买东西。然后回家做了喜欢的饭菜。家里的饭菜比食堂的好吃。我吃了很多鱼、肉、蔬菜和水果等。小时候，我不是很喜欢吃蔬菜。和蔬菜相比我更喜欢吃肉。几乎一口不吃蔬菜。现在也喜欢吃肉，但是也吃蔬菜。今后也想要在家里做饭。

第3课　请告诉我一下

会话

收到了明信片

清水：小张，我上周收到了日本朋友寄来的明信片。
张　：真好啊。
清水：我想写回信，但是不知道邮寄的方法。请你告诉我。
张　：好的。你现在有信片吗？
清水：有。刚才在留学生中心拿到的。

张　：邮票有吗？

清水：邮票还没买。

张　：我现在正好有一张邮票，送给你。

清水：谢谢。

张　：首先，请写上你朋友的邮编和住址。然后，请在明信片上写留言，贴上邮票。最后去邮局。邮局的人会帮你把明信片寄给你日本的朋友。

清水：是这样啊，我明白了。真是谢谢你了。

短文

昨天，小张告诉了我邮寄明信片的方法。真的是帮了我的忙。不只是昨天，平时小张就对我很热情。下周是小张的生日。我想要送小张礼物，但是没有钱。之前我给妹妹买了很贵的书包。打工的工资现在也还没有领到。所以，我准备向哥哥借钱。然后，想要买个包作为生日礼物送给小张。

第4课　我们去百货商店买东西好吗？

会话

想要买特产

清水：喂，小周，晚上好。我是清水。

周　：啊，是清水啊，晚上好。

清水：小周，我有点事想麻烦你。明天你有时间吗？

周　：嗯，我有空。怎么了？

清水：嗯……，我想买一些特产，要不要一起去百货商店购物啊？

周　：购物啊，好啊。正好我也想买点儿东西。

清水：这样啊，太好了。哪里的百货商店比较好呢？

周　：嗯……，远大百货是哈尔滨最大的百货商场，而且商品

很丰富，就去那儿吧。

清水：好，就去那儿吧。

周　：明天10点在大学正门前见面吧。

清水：好的，我知道了。明天就拜托你了。晚安。

周　：晚安。

短文

　　清水因为想买特产，所以打电话邀请了朋友小周。第二天，两人一起去了哈尔滨最大的远大百货商场购物。远大百货商场因为商品丰富，不仅是中国人，外国人也经常会去那里购物。清水他们买了特产后，在百货公司附近的咖啡屋一边喝茶，一边聊天。度过了愉快的一天。

第5课　不要大声说话

会话

有关图书馆的规章制度

（张洋、山田正在校园里聊天）

山田：小张，没有课的日子你经常做什么？

张　：啊，我经常在图书馆学习啊或是打扫房间。

山田：啊，这样啊。不听音乐什么的吗？

张　：听啊。我最喜欢一边听音乐一边学习啦。

山田：噢，这样啊。小张你也可以一边听音乐一边学习？真的是擅长一心二用的人啊。

张　：啊，哈哈。

（两个人路过图书馆）

山田：这里是大学的图书馆噢。可以进去吗？

张　：啊，抱歉啊……。因为必须要工业大学的学生证才可以

进的。

山田：原来如此。明白了。那图书馆有什么规章制度吗？

张　：有很多哦。比如说，不可以大声说话，不可以在走廊里奔跑，不可以往地上扔垃圾，等等。

山田：和日本的大学的图书馆差不多啊。

张　：不止那些，还有别的哦。不可以一边吃喝一边吸烟之类的。那么明天拿到了许可，带你参观一下吧。

山田：真的吗？谢谢你。既然你这么说了，那就麻烦你了。

短文

小张和山田在校园里谈论有关大学生活的事情。二人都是善于一心二用的人，都喜欢一边听音乐一边学习。小张给山田介绍了有关工业大学图书馆的规章制度。比如说，不许随意扔垃圾啊，不许一边吃喝一边吸烟等等。山田听了小张的介绍，了解了工业大学图书馆的规章制度。明天小张打算带她参观一下图书馆。

第6课　酒要全部喝完

会话

中日文化和习惯不同

（周丽、山田正在教室里讨论中日文化习惯的话题）

周　：中国和日本虽然同处亚洲，但是文化和习惯不一样啊。

山田：是啊。在日本，吃饭的时候，大家都会说"我开始吃了"。然后，在吃完饭后会说"多谢款待"。在中国，这些都不会说的是吧。

周　：是啊。不说的。还有，在中国，说"干杯"，就必须把酒全部喝完。然而在日本，不全部喝完也可以吧。

山田：是啊。因为在日本，"干杯"的意思就是"大家一起

喝酒吧"。

周　：是嘛！还有，吃面条的时候，在中国是不可以发出声音的。但是听说在日本可以发出声音。这是真的吗？

山田：是啊。那样才能吃得更香。

周　：原来如此。不好意思，山田，接下来我有工作，我得走了。下回我们再好好地聊聊。

山田：知道了。请不要介意。那么下回见。

短文

中国和日本虽然是邻国，但是文化和习惯有所不同。吃饭的时候，在日本，大家都会说"我开始吃了"。然后，吃完饭会说："多谢款待。"但是在中国，这两句话都不说。吃面条的时候，在中国是不能发出声音的。但是在日本，可以发出声音吃，那样能吃得更美味。还有，在中国说"干杯"的时候，那个人必须把酒全部喝完。在日本，"干杯"就是"大家一起喝酒"的意思。吃饭的时候，一定要注意彼此的文化习俗。

第7课　　吃过寿司

会话

你去过日本吗？

清水：小周你去过日本吗？

周　：　是的，去过两次。

清水：去过日本的哪里？

周　：去过东京、京都、大阪和冲绳。

清水：哎呀，小周你去过很多地方啊！我没去过冲绳。

周　：那真是遗憾！冲绳的大海非常漂亮。小张，你去过日本吗？

张　：没去过。这个暑假打算去日本旅游。

清水：那可真好啊。小张你也去冲绳吗？

张　：我不打算去冲绳。因为我喜欢古城，所以打算去京都。
清水：是嘛，好期待啊！

短文

（小周的日记）

每周末，小张、山田和我一起做饭。我们一起做过寿司、牛肉盖饭、乌冬面等日本料理。山田很擅长做饭。哪道菜都做得非常美味。这次，我们打算做中餐。明天我想要包饺子。之前没有包过饺子，有些担心能否包好。

第8课　这是在天安门拍的照片

会话

去北京了

周　：上周，山田你去北京了吗？
山田：是的，我去了，这是在天安门照的相。
周　：好漂亮！山田（照片中）你旁边的人是谁？
山田：啊，这个人吗？是我的老朋友。为了见这个朋友我去的北京。
周　：是嘛。见到老朋友一定很高兴吧。
山田：是的。我朋友住在北京市中心，非常便利。还去了很多店。
周　：我还想再多看看你在北京的照片。下课以后你有时间吗。
山田：有时间。那么下课后见。

短文

学习日语之前，我认为日语简单。因为日语中也使用汉字，同汉语相似。但是，学习了日语之后，我的想法改变了。日语非常难。也有很多和汉语不同的汉字。并且不仅有平假名，还有片假名。从外国传入日语的东西，用片假名书写。例如，巧克力、咖啡等。掌握这些日语很不容易，但是为了在日本工作我会继续学习。

附录5

练习参考答案

第1课　在饭店吃饭

一、完成下列表格。

	基本形	ます形	ます形的否定形
Ⅰ类动词	買う	買います	買いません
	書く	書きます	書きません
	行く	行きます	行きません
	作る	作ります	作りません
	歌う	歌います	歌いません
Ⅱ类动词	食べる	食べます	食べません
	見る	見ます	見ません
	出る	出ます	出ません
	起きる	起きます	起きません
	寝る	寝ます	寝ません
Ⅲ类动词	来る	来ます	来ません
	する	します	しません
	掃除する	掃除します	掃除しません

三、在（　）内填入适当的词语完成句子。

1．で　　　　　　2．を　　　　　　3．と、を
4．で、を（が）　　5．ながら　　　　6．く
7．に　　　　　　8．ません

五、日译汉。

1．一边吃午饭，一边看书。

2．早晨早早去学校。

3．在饭店吃寿司。

4．小张每天和小周一起学习。

六、汉译日。

1．李さん、何で北京へ行きますか。

2．清水さん、だれと一緒に図書館へ行きますか。

3．李さんは毎日コーヒーを飲みます。

4．わたしは映画を（が）見たいです。

第 2 课　　昨天做了什么

一、完成下列表格。

	基本形	～ます	～ました	～ませんでした
Ⅰ类动词	買う	買います	買いました	買いませんでした
	書く	書きます	書きました	書きませんでした
	行く	行きます	行きました	行きませんでした
	作る	作ります	作りました	作りませんでした
	話す	話します	話しました	話しませんでした
Ⅱ类动词	食べる	食べます	食べました	食べませんでした
	見る	見ます	見ました	見ませんでした
	出る	出ます	出ました	出ませんでした
	起きる	起きます	起きました	起きませんでした
	寝る	寝ます	寝ました	寝ませんでした
Ⅲ类动词	来る	来ます	来ました	来ませんでした
	する	します	しました	しませんでした

三、在（　）内填入适当的词语完成句子。

1．ほど　　　　　2．どちら、ほう　　　3．しか
4．ほとんど　　　5．あまり　　　　　　6．ほど

五、日译汉。

1．日语比英语难。

2．苹果不像西瓜那么贵。

3．小林没有吃午饭。

4．山田只有昨天没去图书馆。

5．小张几乎看过所有吉卜力工作室制作的电影。

6．清水只看英语书。

六、汉译日。

1．昨日の夜、わたしは9時に寝ました。

2．彼しか来ませんでした。

3．北京の冬はハルビンほど寒くありません。

4．ほとんどの人がその映画を見ました。

5．先週、友達の家へギョーザを作りに行きました。

第3课　　请告诉我一下

一、完成表格。

	基本形	て形	基本形	て形
Ⅰ类动词	買う	買って	読む	読んで
	待つ	待って	遊ぶ	遊んで
	書く	書いて	消す	消して
	泳ぐ	泳いで	話す	話して
Ⅱ类动词	食べる	食べて	起きる	起きて
	見る	見て	寝る	寝て
Ⅲ类动词	来る	来て	する	して

四、日译汉。

1．小周送给了山田一本汉语书。

2．清水给了我水果。

3．妈妈每天晚上给孩子读连环画。

4．请老师教了我日语歌。

5．我现在还没有拿到打工钱。

五、汉译日。

1．黒板を見てください。

2．李さんは清水さんに何のお土産をあげましたか。

3．清水さんは李さん（に/から）何のプレゼントをもらいましたか。

4．王さんは荷物を運んでくれました。

5．今日だけでなく、明日も図書館へ行きます。

第4课　我们去百货商店买东西好吗？

二、（　）内填入适当的词语完成会话。

1．はい、そうしましょう

2．お願いします

3．楽しかったでしょうか / 楽しかったですか

4．そうですね

5．そうしましょう

6．ちょっと

四、汉译日。

1．お母さんはコンビニへ買い物に行きませんでした。

2．週末、一緒に本屋に行きましょうか。

3．東京はとてもにぎやかでしょう。

4．これはこの近くで一番大きい公園です。

5．旅行の場所は大阪にしましょうか。

6．家を掃除してから、デパートに行きましょう。

第5课　不要大声说话

一、完成下列表格。

基本形	ます形	た形
行く	行きます	行った
食べる	食べます	食べた
読む	読みます	読んだ
勉強する	勉強します	勉強した
話す	話します	話した
歩く	歩きます	歩いた
来る	来ます	来た
買う	買います	買った

四、汉译日。

1．すみませんが、本を借りてもいいですか。

2．来週、友達と一緒に北京へ旅行に行く予定です。

3．日本語で話すことができますか。

4．今、日本の経済問題について研究しています。

5．床にゴミを捨ててはいけません。

6．A：ここにはこれらの本しかありませんか。

　　B：いいえ、これらだけでなく、ほかにもあります。

7．わたしは切手を集めるの（こと）が好きです。

第6课 酒要全部喝干净

一、完成下列表格。

1．

基本形	ます形	て形	た形	ない形
行く	行きます	行って	行った	行かない
食べる	食べます	食べて	食べた	食べない
飲む	飲みます	飲んで	飲んだ	飲まない
呼ぶ	呼びます	呼んで	呼んだ	呼ばない
帰る	帰ります	帰って	帰った	帰らない
掃除する	掃除します	掃除して	掃除した	掃除しない
起きる	起きます	起きて	起きた	起きない
来る	来ます	来て	来た	来ない

2．

敬体	简体
先週は忙しくありませんでした。	先週は忙しくなかった。
野球が好きではありませんでした。	野球が好きではなかった。
あの女の人はきれいではありません。	あの女の人はきれいではない。
大学時代に彼の成績はトップでした。	大学時代に彼の成績はトップだった。
夏休みの旅行は楽しくありませんでした。	夏休みの旅行は楽しくなかった。

四、在（　）内填入适当的形式完成会话。

1．飲まなければ

2．捨てて

3．出さなければ

4．食べ

六、汉译日。

1．授業のとき、スマートフォンを見ないでください。

2．李さんは来年日本に留学したいと聞きました。

3．A：先生、薬を飲まなくてもいいですか。
　　B：うん、もう大丈夫です。

4．山田さんは毎日アルバイトしたり中国語を勉強したりして大変だと言いました。

5．これから仕事がありますから、もう行かなければなりません。

第7课　吃过寿司

四、日译汉。

1．寒假打算去北京。

2．今天不打算喝酒。

3．在日餐店曾经吃过一次天妇罗。

4．我想下个月去大阪。

5．那个人是谁，你认识吗？

五、汉译日。

1．周さんはフランス語を勉強したことがありますか。

2．張さんはお寿司を食べたことがありません。

3．田中さんは今年の夏休みに日本へ帰るつもりです。

4．山田さんは明日の授業に出ないつもりです。

5．昨日は家族に電話をかけました。

第8课　这是在天安门拍的照片

四、日译汉。

1．睡觉前山田通常做什么。

2．回家之后打电话。

3．小张迄今为止看过的电影都记得。

4．下个月小林要搬去的家很宽敞。

5．父亲为了健康每天早晨都坚持散步。

五、汉译日。

1．周さんはレポートを書くために、本を読んでいます。

2．こちらへ来る前に、電話をかけてください。

3．毎日寝る前に日本語の歌を聞きます。

4．会社が終わった後で、家に帰りました。

5．習った単語をよく復習しなければなりません。

附录6

模拟试题（一）

一、请写出下列日语汉字的正确读法。（1分×10＝10分）

1．頭　　（　　　）　　2．文化　　（　　　）

3．返事　（　　　）　　4．試験　　（　　　）

5．教科書（　　　）　　6．空港　　（　　　）

7．予定　（　　　）　　8．利用　　（　　　）

9．食事　（　　　）　　10．情報　（　　　）

二、请将下列单词翻译成汉语。（1分×10＝10分）

1．レポート　　（　　　）　　2．ゆっくり　　（　　　）

3．あげる　　　（　　　）　　4．メッセージ　（　　　）

5．本当　　　　（　　　）　　6．また　　　　（　　　）

7．手紙　　　　（　　　）　　8．ドラマ　　　（　　　）

9．引っ越す　　（　　　）　　10．普段　　　　（　　　）

三、请将下列单词翻译成日语。（1分×10＝10分）

1．动画　（　　　）　　2．亚洲　　（　　　）

3．行李　（　　　）　　4．拼命努力（　　　）

5．因特网（　　　）　　6．不同　　（　　　）

7．地方　（　　　）　　8．网球　　（　　　）

9．比赛　（　　　）　　10．淋浴　　（　　　）

四、请在（　）内填入正确的助词完成句子。（1分×10＝10分）

1．山田さんは先週図書館（　　　）行きませんでした。

2．弟は毎日学校（　　　）サッカーをします。

3．張さんは周さん（　　　）一緒にご飯を食べました。

4．王さんは夜11時（　　　）寝ます。

5．お母さんは毎朝公園（　　　）散歩します。

6．周さんは昨日餃子（　　　）作りました。

7．周さんは、日本語だけでなく英語（　　　）上手です。

8．中国（　　　）一番高い山は何ですか。

9．清水さんは英語（　　　）できます。

10．清水さんは張さんに日本の歌（　　　）教えました。

五、请在下列表格的空格处填入恰当的动词活用形。

（1分×10＝10分）

基本形	ます形	て形	た形	ない形
言う	①	②	言った	言わない
歌う	歌います	歌って	歌った	③
遊ぶ	遊びます	④	⑤	遊ばない
着る	着ます	着て	着た	⑥
出る	出ます	出て	⑦	出ない
続ける	⑧	続けて	続けた	続けない
来る	来ます	来て	来た	⑨
⑩	します	して	した	しない

六、用（　）内所给动词的适当形式完成句子。

（1分×10＝10分）

1．夜（寝ます⇒　　　　　）前に、歯をみがきます。

2．買い物を（します⇒　　　　　）後で、食事をします。

3．明日（着ます⇒　　　　　）服を洗います。

4．昨日スーパーで（買います⇒　　　　　）果物を食べます。

5．友達に（会います⇒　　　　　）ために、北京へ行きます。

6．清水さんは相撲を（します⇒　　　　　）ことが

ありますか。

7．放課後、図書館へ（行きます⇒　　　　　　　）つもりです。

8．明日までに本を（返します⇒　　　　　　　）なければ

なりません。

9．このペンを（借ります⇒　　　　　　　）もいいですか。

10．毎朝この薬を（飲みます⇒　　　　　　　）ください。

七、请将下列句子翻译成汉语。（2分×10＝20分）

1．山田さんは音楽を聞きながら宿題をします。

2．張さんはテニスよりサッカーが好きです。

3．周さんは山田さんに本を貸してもらいました。

4．王さん、明日映画を見に行きませんか。

5．休みの日、寮で映画を見たり、音楽を聞いたりします。

6．明日、宿題を出さなければいけません。

7．張さんは上海へ行ったことがありますか。

8．清水さんは明日行く店を調べます。

9．張さんはご飯を食べた後、テレビを見ます。

10．ここで食事をしてはいけません。

八、请将下列句子翻译成日语。（2分×5＝10分）

1．学日语很难。

2．小王比山田先生年轻。

3．一起去喝酒吧。

4．每天八点左右回宿舍。

5．小张现在正在看电视。

九、请从①～④中选择一个最适合的填入 ★ 上完成句子。

（2分×5＝10分）

1．私は_____ ★_____ _____を食べます。

①見ながら　　②パソコン　　③を　　④ご飯

2．清水さんは_____ _____ _____ ★_____行きます。

①友達　　②に　　③と　　④買い物

3．周さんは私 ★_____ _____ _____ _____くれました。

①書いて　　②を　　③に　　④地図

4．来週、張さんは_____ _____ _____ ★_____です。

①行く　　②へ　　③東京　　④つもり

5．周さんは_____ _____ ★_____ _____をします。

①ために　　②健康　　③散歩　　④の

附录7

模拟试题（二）

一、请写出下列日语汉字的正确读法。（1分×10＝10分）

1. 雨　　（　　　　）　　2. 復習　　（　　　　）
3. 隣国　（　　　　）　　4. 給料　　（　　　　）
5. 経済　（　　　　）　　6. 公園　　（　　　　）
7. 残業　（　　　　）　　8. 写真　　（　　　　）
9. 苦手　（　　　　）　　10. 荷物　（　　　　）

二、请将下列单词翻译成汉语。（1分×10＝10分）

1. ルール　　　（　　　　）　　2. たまに　　（　　　　）
3. もらう　　　（　　　　）　　4. ゴミ　　　（　　　　）
5. 床　　　　　（　　　　）　　6. なるほど　（　　　　）
7. 勝手　　　　（　　　　）　　8. アジア　　（　　　　）
9. お言葉に甘えて　（　　　　）　10. 娘　　　（　　　　）

三、请将下列单词翻译成日语。（1分×10＝10分）

1. 卡片　（　　　　）　　2. 邮件　（　　　　）
3. 邮票　（　　　　）　　4. 邀请　（　　　　）

5．闲聊　（　　　　）　　6．咖喱饭　（　　　　）

7．走廊　（　　　　）　　8．香烟　（　　　　）

9．花开　（　　　　）　　10．玩耍　（　　　　）

四、请在（　）内填入正确的助词完成句子。（1分×10＝10分）

1．上海まで地下鉄（　　　　）来ました。

2．動物園へパンダを見（　　　　）行きます。

3．昨日駅で山田さん（　　　　）会いました。

4．日本料理（　　　　）中華料理（　　　　）どちらが好きですか。

5．休みの日には散歩をし（　　　　）（　　　　）、本を読ん（　　　　）（　　　　）するのが好きです。

6．英語は得意です（　　　　）、日本語はあまり上手ではありません。

7．私は英語で発表すること（　　　　）できます。

8．張さんはりんご（　　　　）くれました。

9．部屋をきれい（　　　　）掃除してください。

10．この字は誰が書いた（　　　　）、分かりますか。

五、请在下列表格的空格处填入恰当的动词活用形。(1分×10 = 10分)

基本形	ます形	て形	た形	ない形
買う	①	買って	買った	②
泳ぐ	泳ぎます	③	泳いだ	泳がない
読む	読みます	④	⑤	読まない
食べる	食べます	食べて	食べた	⑥
話す	話します	話して	話した	⑦
借りる	⑧	借りて	借りた	借りない
くださる	⑨	くださって	くださった	くださらない
掃除する	掃除します	掃除して	⑩	掃除しない

六、用( )内所给动词的适当形式完成句子。(1分×10 = 10分)

1．新聞を（読みます⇒　　　　　）ながら、コーヒーを飲みます。

2．昨日は漫画しか（見ます⇒　　　　　）でした。

3．週末餃子を（作ります⇒　　　　　）予定です。

4．靴を（脱ぎます⇒　　　　　）なくてもいいです。

5．使い方が（分かります⇒　　　　　）時、私に聞いてください。

6．王さんは馬に（乗ります⇒　　　　　）ことがありますか。

7．夏休み、家へ（帰ります⇒　　　　　）つもりです。

8．来年日本へ（行きます⇒　　　　　）たいと思います。

9．会社が（終わります⇒　　　　　）後で、飲みに行きます。

10. 昨日李さんに（もらいます⇒　　　　　）CDを聞いています。

七、请将下列句子翻译成汉语。（2分×10＝20分）

1．授業のとき、スマートフォンを見ないでください。

2．床にゴミを捨ててはいけません。

3．週末、一緒にハイキングに行きましょうか。

4．来週の金曜日までに本を返さなければなりません。

5．このアルバイトは近くで時給が一番高いです。

6．昨日の夜、ほとんど寝ませんでした。

7．わたしは朝早く起きられません。

8．あのレストランの料理がおいしいと聞いて、友達と食べに行きました。

9．私たちは先生にお花を差し上げました。

10．清水さんより李さんのほうが若いです。

八、请将下列句子翻译成日语。（2分×5＝10分）

1．小张现在正在喝咖啡。

2．我们从山田老师那儿得到了书。

3．每天睡觉前淋浴。

4．他不但英语好，法语也不错。

5．做完作业，再去商场吧。

九、请从①～④中选择一个最适合的填入_★_上完成句子。

(2分×5＝10分)

1．私は＿＿＿　＿＿＿　_★_　＿＿＿いまず。

①大学へ　　②毎朝　　③行って　　④散歩に

2．田中さん＿＿＿　＿＿＿　＿＿＿　_★_もらいました。

①すきな　　②を　　③から　　④漫画

3．そんなに_★_　＿＿＿　＿＿＿ですよ。

①ても　　②しなく　　③心配　　④大丈夫

4．ちょっと＿＿＿　＿＿＿　＿＿＿　_★_ます。

①を　　②出し　　③手紙　　④てき

5．山田さん＿＿＿　＿＿＿　_★_　＿＿＿ですか。

①話している　　②誰　　③人は　　④と

附录 8

模拟试题答案

模拟试题（一）答案

一、请写出下列日语汉字的正确读法。

1. あたま　　2. ぶんか　　3. へんじ
4. しけん　　5. きょうかしょ　　6. くうこう
7. よてい　　8. りよう　　9. しょくじ
10. じょうほう

二、请将下列单词翻译成汉语。

1. 小论文　　2. 慢慢，不着急　　3. 给
4. 口信，留言　　5. 真，真实　　6. 又，再
7. 信，书信　　8. 电视剧　　9. 搬家
10. 平时

三、请将下列单词翻译成日语。

1. アニメ　　2. アジア　　3. 荷物
4. 頑張る　　5. インターネット　　6. 違う
7. 場所　　8. テニス　　9. 試合
10. シャワー

四、请在（　）内填入正确的助词完成句子。

1．に／へ　　2．で　　3．と　　4．に　　5．を／で

6．を　　　　7．も　　8．で　　9．が　　10．を

五、请在下列表格的空格处填入恰当的动词活用形。

①言います　　②言って　　③歌わない　　④遊んで

⑤遊んだ　　　⑥着ない　　⑦出た　　　　⑧続けます

⑨来ない　　　⑩する

六、用（　　）内所给动词的适当形式完成句子。

1．寝る　　2．した　　3．着る　　4．買った

5．会う　　6．した　　7．行く　　8．返さ

9．借りて　　10．飲んで

七、请将下列句子翻译成汉语。

1．山田一边听音乐一边写作业。

2．小张比起网球更喜欢足球。

3．小周让山田借给了自己书。

4．小王，明天一起去看电影好吗？

5．休息日，在宿舍看看电影，听听音乐。

6．明天必须交作业。

7．小张你去过上海吗？

8．清水在查找明天要去的店。

9．小张吃完饭以后看电视。

10．不允许在这里吃饭。

八、请将下列句子翻译成日语。

1．日本語の勉強は難しいです。

2．王さんは山田さんより若いです。

3．一緒にお酒を飲みましょう。

4．毎日8時ごろ寮（へ／に）帰ります。

5．張さんは今テレビを見ています。

九、请从①～④中选择一个最适合的填入★上完成句子。

1．③　　2．②　　3．③　　4．④　　5．①

模拟试题（二）答案

一、请写出下列日语汉字的正确读法。

1．あめ　　　　2．ふくしゅう　　3．りんこく

4．きゅうりょう　5．けいざい　　　6．こうえん

7．ざんぎょう　　8．しゃしん　　　9．にがて

10．にもつ

二、请将下列单词翻译成汉语。

1．规则，章程　2．偶尔　　3．得到，收到

4．垃圾　　　　5．地板　　6．诚然，的确

7．任意，随便　8．亚洲　　9．承蒙您的盛情

10．女儿

三、请将下列单词翻译成日语。

1．カード　　　2．メール　　　3．切手

4．誘う　　　　5．おしゃべり　6．カレーライス

7．廊下　　　　8．タバコ　　　9．咲く

10．遊ぶ

四、请在（　）内填入正确的助词完成句子。

1．で　2．に　3．に　4．と　と　5．たり　たり

6．が　7．が　8．を　9．に　10．か

五、请在下列表格的空格处填入恰当的动词活用形。

①買います　②買わない　③泳いで　④読んで　⑤読んだ

⑥食べない　⑦話さない　⑧借ります　⑨くださいます

⑩掃除した

六、用（　　）内所给动词的适当形式完成句子。

1．読み　　　2．見ません　3．作る　4．脱が

5．分からない　6．乗った　　7．帰る　8．行き

9．終わった　　10．もらった

七、请将下列句子翻译成汉语。

1．上课时请不要看手机。

2．不允许将垃圾扔在地板上。

3．周末我们一起去郊游吧。

4．最迟在下周五之前必须将书归还。

5．这份工作在附近是时薪最高的。

6．昨晚几乎一夜没睡。

7．我每天早晨都无法起得早。

8．听说那家餐厅的菜很美味，我和朋友就去吃了。

9．我们送给了老师花。

10．与清水相比，小李更加年轻。

八、请将下列句子翻译成日语。

1．張さんはコーヒーを飲んでいます。

2．私たちは山田先生に/から本をいただきました。

3．毎日寝る前にシャワーをします。

4．彼は英語だけでなく、フランス語も上手です。

5．宿題をしてから、デパートに行きましょうか。

九、请从①～④中选择一个最适合的填入　★　上完成句子。

1．④　　2．②　　3．③　　4．④　　5．③

附录9

日本的都道府县

1都1道2府43县一览表（都道府県 とどうふけん）

地方	都道府县	地方	都道府县
北海道地方	北海道（ほっかいどう）	東北地方	青森（あおもり）県
			秋田（あきた）県
			岩手（いわて）県
			山形（やまがた）県
			宮城（みやぎ）県
			福島（ふくしま）県
関東地方	東京都（とうきょうと）	近畿地方	滋賀（しが）県
	栃木（とちざ）県		三重（みえ）県
	群馬（ぐんま）県		奈良（なら）県
	茨城（いばらぎ）県		京都（きょうと）府
	埼玉（さいたま）県		大阪（おおさか）府
	千葉（ちば）県		和歌山（わかやま）県
	神奈川（かながわ）県		兵庫（ひょうご）県
中部地方	新潟（にいがた）県	中国地方	
	長野（ながの）県		
	富山（とやま）県		鳥取（とっとり）県
	石川（いしかわ）県		岡山（おかやま）県
	福井（ふくい）県		島根（しまね）県
	山梨（やまない）県		広島（ひろしま）県
	静岡（しずおか）県		山口（やまぐあ）県
	岐阜（ぎふ）県		
	愛知（あいち）県		

续表

九州沖縄地方	福岡（ふくおか）県	四国地方	
	佐賀（さが）県		
	長崎（ながさき）県		香川（かがわ）県
	大分（おおいた）県		愛媛（えひめ）県
	熊本（くまもと）県		徳島（とくしま）県
	宮崎（みやざき）県		高知（こうち）県
	鹿児島（かごしま）県		
	沖縄（おきなわ）県		

参考书目

［1］杨荫，崔宁．新编基础日语［M］．哈尔滨：哈尔滨工业大学出版社，2007．

［2］耿铁珍．轻松学日语［M］．哈尔滨：哈尔滨工业大学出版社，2011．

［3］陈俊森．新大学日语 标准教程 基础篇［M］．北京：高等教育出版社，2006．

［4］日本3A出版社．大家的日语 初级1［M］．北京：外语教育与研究出版社，2017．